2021年度云南省哲学社会科学规划
科普项目：SKPJ202108

创新创业不可不知的法律常识

廖 娟 李晓堰 周雅婷 著

法律出版社
LAW PRESS·CHINA
北 京

图书在版编目(CIP)数据

创新创业不可不知的法律常识 / 廖娟,李晓堰,周雅婷著. -- 北京 : 法律出版社,2023
ISBN 978-7-5197-7216-1

Ⅰ. ①创… Ⅱ. ①廖… ②李… ③周… Ⅲ. ①企业法-基本知识-中国 Ⅳ. ①D922.291.91

中国版本图书馆 CIP 数据核字(2022)第 193711 号

创新创业不可不知的法律常识
CHUANGXIN CHUANGYE BUKE BUZHI DE FALÜ CHANGSHI

廖娟 李晓堰 周雅婷 著

责任编辑 慕雪丹 章雯
装帧设计 汪奇峰

出版发行 法律出版社
编辑统筹 法商出版分社
责任校对 赵明霞
责任印制 胡晓雅
经　　销 新华书店

开本 A5
印张 10.375　**字数** 210 千
版本 2023 年 4 月第 1 版
印次 2023 年 4 月第 1 次印刷
印刷 天津嘉恒印务有限公司

地址:北京市丰台区莲花池西里 7 号(100073)
网址:www.lawpress.com.cn
投稿邮箱:info@lawpress.com.cn
举报盗版邮箱:jbwq@lawpress.com.cn

销售电话:010-83938349
客服电话:010-83938350
咨询电话:010-63939796

书号:ISBN 978-7-5197-7216-1　**定价**:58.00 元

凡购买本社图书,如有印装错误,我社负责退换。电话:010-83938349

简目

详目

第一章

创业者可以选择哪些商事主体

一、我国创业主体的类型有哪些

创业者只有借助一定的组织形式才能实现对资源的整合，因此，创业者在创业伊始面临的问题就是应以怎样的主体身份进行创业。创业者需要了解有哪些创业组织形式，各创业组织之间有什么不同，选择创业组织时应考虑哪些因素，如何创设这些创业主体等，从而选择最有利于创业者实现目标的创业组织。

创业主体也称市场经营主体，是指以营利为目的，从事商品生产经营和服务活动的实体。在我国，创业者可以选择的创业形式包括个人形式和企业形式两大类。个人形式的创业形式通常包括流动摊贩、农村承包经营户及个体工商户。鉴于流动摊贩不具有稳定性，农村承包经营户又受到身份限制，本书的个人形式的创业形式特指个体工商户。企业形式的创业形式则泛指一切从事生产、经营或者服务活动，以谋取经济利益为目的的经济组织，包括个人独资企业、合伙企业和公司。从企业的工商登记信息中可以发现，有些企业属于公司，有些企业却不属于公司，那么，公司和企业是什么关系呢？在我国，企业组织分为公司企业和非公司企业，公司企业包括有限责任公司和股份有限公司，非公司企业包括个人独资企业、合伙企业等。公司企业具备法人资格，根据《中华人民共和国民法典》（以下简称《民法典》）的规定，法人是指具有民事权利能力和民事行为能力，依法独立享有民事权利和承担民事义务的组织，法人以其全部财产独立承担民事责任。非公司企业不具备法人资格，不能独立承担责任，但可以自己的名义从事民事活动，非法人组织的财产不足以清偿债务的，其出资人或者设立人承担无限责任。法律另有规定的，依照其规定。

我国创业主体的类型如图 1－1 所示。

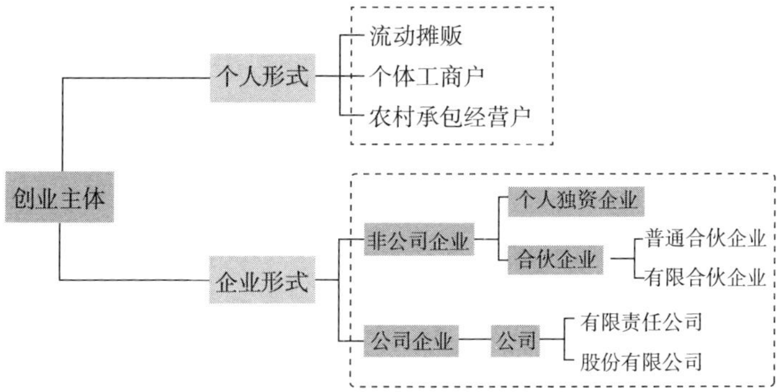

图 1－1　创业主体的类型

上述几种创业主体的组织形式、法律地位和法律性质均不同，创业者在选择创业主体时，应结合自身的具体情况，综合考虑创业主体的法律责任、税收负担、设立费用、组织结构、控制方式、退出与转让等因素，选择最合适的创业组织形式。

1. 什么是个体工商户

个体工商户是指有经营能力，在中华人民共和国境内从事工商业经营，并依照《促进个体工商户发展条例》的规定进行登记的经营者。个体工商户既可以个人经营，也可以家庭经营。个体工商户不是企业，但它也可以起字号，我们生活中常见的小吃店、杂货店、小超市等通常都登记为个体工商户。我国相关法律法规对设立个体工商户没有具体条件要求，只要有经营能力，并依法登记，领取个体工商户营业执照，就可以依法开展经营活动。

2. 什么是个人独资企业

根据《中华人民共和国个人独资企业法》（以下简称《个人独资企业法》）第2条的规定，个人独资企业是指在中国境内设立，由一个自然人投资，财产为投资人个人所有，投资人以其个人财产对企业债务承担无限责任的经营实体。个人独资企业不具有法人资格，其最大的好处是避免与他人合伙产生相互协作的问题，且无须缴纳企业所得税，因此对想要“单干”但投资规模又相对较小的创业者来说，这类市场主体是个不错的选择。我国沿海省份很多服装、鞋帽、领带等的生产企业都登记为个人独资企业。

根据《个人独资企业法》第8条的规定，设立个人独资企业应当具备下列条件：（1）投资人为一个自然人；（2）有合法的企业名称；（3）有投资人申报的出资；（4）有固定的生产经营场所和必要的生产经营条件；（5）有必要的从业人员。

个人独资企业与个体工商户的差异主要是是否为经营实体。通常情况下，个体工商户对外开展经营时被定位为自然人，因此不能设立分支机构；个人独资企业对外是以企业名义从事民事活动，可以设立分支机构，也可以委派他人作为个人独资企业分支机构负责人，经营范围要比个体工商户宽泛得多。实践中，大中型公司一般可以接受与个人独资企业开展业务合作，但与个体工商户开展业务合作则比较谨慎。

3. 什么是合伙企业

合伙企业是指自然人、法人和其他组织依照《中华人民共和国合伙企业法》（以下简称《合伙企业法》）在中国境内设立的普通合伙企业和有限合伙企业。我国法律没有赋予合伙组织“人”的特性，因此，合伙企业不具有法人资格的独立性，其债权由合伙人共有，债务由合伙人共担。相对于公司股东承担的有限责任，合伙人的无限责任更重，但合伙企业也有公司不能比拟的优势，最典型的就是其设立和经营管理过程中的灵活性。以出资为例，合伙人既可以用现金、实物、知识产权等财产出资，也可以用管理经验、技术优势、人脉资源等难以用货币估价的软性资源投资。此外，在入伙与退伙、企业经营决策等方面，合伙企业也更为灵活。

（1）什么是普通合伙企业

根据《合伙企业法》的规定，普通合伙企业由普通合伙人组成，合伙人对合伙企业债务承担无限连带责任。在普通合伙企业中，每个合伙人对合伙企业的债务都承担全部清偿的责任。因此，合伙企业的债务人有权向任何一个或数个合伙人求偿。当某一个合伙人偿还合伙企业的债务超过自己所应承担的数额时，有权向其他合伙人追偿。

《合伙企业法》第 14 条规定："设立合伙企业，应当具备下列条件：（一）有二个以上合伙人。合伙人为自然人的，应当具有完全民事行为能力；（二）有书面合伙协议；（三）有合伙人认缴或者实际缴付的出资；（四）有合伙企业的名称和生产经营场所；（五）法律、行政法规规定的其他条件。"

在普通合伙企业中，有一类特殊的普通合伙企业，即由以专业知识和专门技能为客户提供有偿服务的专业服务机构设立的合伙企业。这类合伙企业的特殊之处主要体现在合伙人的责任承担上。根据《合伙企业法》第 57 条的规定，一个合伙人或者数个合伙人在执业活动中因故意或者重大过失造成合伙企业债务的，应当承担无限责任或者无限连带责任，其他合伙人以其在合伙企业中的财产份额为限承担责任。合伙人在执业活动中非因故意或者重大过失造成的合伙企业债务以及合伙企业的其他债务，由全体合伙人承担无限连带责任。之所以如此规定，是因为在这类机构中，合伙人或其团队通常都是独立完成自己的专业工作，对其他合伙人的工作完成情况并不十分了解，此时，如果要求合伙人不仅要对自己的专业工作承担无限责任，还要对其他合伙人在执业活动中因故意或重大过失造成的企业债务承担“无限连带责任”的话，对合伙人来说风险过大。《合伙企业法》中规定的责任承担方式能够在一定程度上减轻合伙人的责任。因此，如果投资者打算设立律师事务所、会计师事务所、医师事务所、设计师事务所等专业服务机构，可以选择创设特殊的普通合伙企业这一企业类型。

（2）什么是有限合伙企业

有限合伙企业由2个以上50个以下合伙人设立，有限合伙企业至少应当有一个普通合伙人，普通合伙人对合伙企业的债务承担无限连带责任，有限合伙人以其认缴的出资额为限对合伙企业债务承担有限责任。在有限合伙企业中，普通合伙人和有限合伙人都不可或缺。如果只剩下普通合伙人，有限合伙企业应当转为普通合伙企业；如果只剩下有限合伙人，有限合伙企业应当解散。普通合伙人负责合伙企业的生产经营管理，对合伙企业的债务承担无限连带责任；有限合伙人不执行合伙事务，不得对外代表有限合伙企业，因此也不得以劳务出资。

有限合伙企业实现了企业管理权和出资权的分离，由于有限合伙人不参与企业经营管理，因此，在合伙协议没有特别约定的情况下，有限合伙人可以同本有限合伙企业进行交易，可以自营或同他人合作经营与本有限合伙企业相竞争的业务，也可以出质其在有限合伙企业中的财产份额。

但应注意的是，根据《合伙企业法》第68条第2款的规定，“有限合伙人的下列行为，不视为执行合伙事务：（一）参与决定普通合伙人入伙、退伙；（二）对企业的经营管理提出建议；（三）参与选择承办有限合伙企业审计业务的会计师事务所；（四）获取经审计的有限合伙企业财务会计报告；（五）对涉及自身利益的情况，查阅有限合伙企业财务会计账簿等财务资料；（六）在有限合伙企业中的利益受到侵害时，向有责任的合伙人主张权利或者提起诉讼；（七）执行事务合伙人怠于行使权利时，督促其行使权利或者为了本企业的利益以自己的名义提起诉讼；（八）依法为本企业提供担保。”

选择有限合伙企业进行创业，对普通合伙人和有限合伙人都有益处。对普通合伙人来说，由于有限合伙人不得执行合伙企业事务，即使有限合伙人的出资份额占绝对优势，也无权干涉企业事务的执行，普通合伙人承担无限责任，掌控着有限合伙企业的控制权，相对于有限责任公司，拥有专业知识的普通合伙人用较少的出资就可以控制企业，对企业的发展作出专业化的决策；对有限合伙人来说，由于不用对企业的债务承担无限连带责任，有利于激发投资者的积极性，促进人才与资本的结合。

实践中，股权投资公司，如私募基金、风投基金等基金公司采用的都是合伙制，且通常都会选择有限合伙企业。目前，上市公司、新三板挂牌公司、有限责任公司都有利用有限合伙企业作为员工持股平台的成功实践。员工通过持股合伙企业间接持有公司股份，但员工作为有限合伙人，不享有执行合伙事务的权利，公司高管或其他投资管理公司作为普通合伙人能够以较少的出资、专业的商业判断实际决定持股平台的投资决策事项，便于管理持股平台。这样运作，即使股份分散了，员工持股平台的控制权依然在公司创始人股东手中，避免创始人股东失去对公司的控制权。此外，员工持股合伙企业还有可以合理避税、决策简便等优势。虽然普通合伙人要对合伙企业的债务承担无限连带责任，但作为投资目标公司的平台，员工持股合伙企业本身并无实际业务，不会产生债务，普通合伙人的实际风险非常小，所以有限合伙企业也被视为股权激励的最佳持股平台。

4. 什么是公司

公司是指由一个以上投资人依法出资组建，有独立法人财产、自主经营、自负盈亏的企业法人。根据《中华人民共和国公司法》（以下简称《公司法》）的规定，公司包括有限责任公司和股份有限公司两类。

有限责任公司是指由 50 个以下的股东出资设立，每个股东以其所认缴的出资额为限对公司承担有限责任，公司以其全部资产对公司债务承担全部责任的经济组织。一人有限公司是有限责任公司的一种特殊形式，它是指只有一个自然人股东或者一个法人股东的有限责任公司。

股份有限公司是指公司全部资本分为等额的股份，股东以其认购的股份为限对公司承担责任的企业法人。

有限责任公司和股份有限公司都具有法人资格，股东的财产与公司的财产相分离，股东出资完毕后即独立于公司，公司成为财产的主人，并以其自身全部财产独立承担民事责任，而股东仅以其认缴的出资额或认购的股份为限对公司承担有限责任。对公司的股东而言，对外的任何行为都有公司挡在前面，这有助于股东将风险控制在一定范围内。但相对于其他创业组织形式，公司设立程序更为复杂，在机构设置、财务、税收稽核、破产等方面均有严格的法律规定，稍有不当，就会有违法之嫌。

（1）有限责任公司和股份有限公司有什么区别

尽管都是有限公司，但有限责任公司和股份有限公司又有不同之处，具体体现在以下几个方面：

第一，设立的条件不同。《公司法》第23条规定："设立有限责任公司，应当具备下列条件：（一）股东符合法定人数；（二）有符合公司章程规定的全体股东认缴的出资额；（三）股东共同制定公司章程；（四）有公司名称，建立符合有限责任公司要求的组织机构；（五）有公司住所。"

《公司法》第76条规定："设立股份有限公司，应当具备下列条件：（一）发起人符合法定人数；（二）有符合公司章程规定的全体发起人认购的股本总额或者募集的实收股本总额；（三）股份发行、筹办事项符合法律规定；（四）发起人制订公司章程，采用募集方式设立的经创立大会通过；（五）有公司名称，建立符合股份有限公司要求的组织机构；（六）有公司住所。”股份有限公司可以采取发起设立和募集设立两种方式：以发起方式设立的，注册资本为在公司登记机关登记的全体发起人认购的股本总额；以募集方式设立的，注册资本为在公司登记机关登记的实收股本总额，其中发起人认购的股份不得少于公司股份总数的35%，法律、行政法规另有规定的，从其规定。

第二，募集资金的方式不同。对公司设立及经营过程中的资金需求，两种公司有不同的资金筹集方式。非经国务院授权部门的批准，有限责任公司不得公开向社会募集资金。股份有限公司则可以通过发行股票、公司债券等方式向社会公众募集资金。股票是股东拥有公司财产所有权的法律证书，股票的持有人作为公司的股东可以据此取得股息和红利。公司债券的持有人则只是公司的债权人，对公司仅享有根据债券金额向公司请求支付一定利息和偿还本金的权利，无权参与公司事务的决策。

第三，股份转让的条件不同。有限责任公司的股份实行有条件地转让，有限责任公司的股东之间可以相互转让其全部或者部分股权。股东向股东以外的人转让股权，应当经其他股东过半数同意；经股东同意转让的股权，在同等条件下，公司其他股东享有优先购买权。股份有限公司的股份转让，除对公司发起人、董事、监事、高级管理人员等所持有的本公司股票有一定的转让限制外，其他人员的股份转让以“自由转让”为原则。

第四，公司内部组织的结构不同。有限责任公司的所有权和经营权分离程度较低，人数相对固定，股东会成员相对较少、权限较大，董事经常由股东自己兼任。股东人数较少或者规模较小的有限责任公司还可以不设董事会和监事会，只设一名执行董事和一至二名监事。股份有限公司的所有权和经营权分离程度较高，在股份有限公司内部，必须按照《公司法》的规定，召开股东大会，设立董事会和监事会。但由于股东人员分散且数量众多，召开股东大会比较困难，因此，股东大会的权限往往受到公司章程的限制，而董事会的权限较大，公司的运营计划等可以直接由董事会作出决定。此外，上市公司除设“三会”外，还应设立独立董事。

第五，公司向社会公开的程度不同。有限责任公司具有一定的封闭性，公司的生产、经营及财务状况等，按公司章程规定的期限向股东公开，无须对外公布。股份有限公司具有开放性，要定期公布财务状况，上市公司还应通过公共媒体向社会公众发布财务状况及其他法律法规规定应当披露的信息。

第六，股东表决的程序不同。有限责任公司股东会的议事方式和表决程序可由公司章程规定，章程没有规定的，股东按出资比例行使表决权。股份有限公司股东大会会议作出修改公司章程、增加或者减少注册资本的决议，以及公司合并、分立、解散或者变更公司形式等特殊事项的决议，必须经出席股东大会会议的股东所持表决权的2/3以上通过；股东按一股一票行使表决权，公司不得通过章程改变这一规则。特别事项的表决须经出席股东大会会议的股东所持表决权的2/3以上通过。

综上所述，有限责任公司由于设立程序简单，机构设置灵活，适用性较强，但其筹集资金的范围和规模有限，不利于开展大规模生产经营活动。股份有限公司能迅速和广泛地大量集中资金，且有利于分散投资风险，但也要注意，该类市场主体的商业秘密容易暴露，因此，一般组建大企业才会考虑设立股份有限公司。

（2）什么是一人有限责任公司

一人有限责任公司简称一人公司，是指只有一个自然人股东或者一个法人股东的有限责任公司。它在公司章程、公司名称、认缴出资及住所等设立条件方面与一般的有限责任公司没有差别，只是在设立主体上，一人公司仅有一个自然人股东或一个法人股东。由一个自然人投资设立的一人公司不得再设立新的一人公司，由一个法人设立的一人公司则无此限制。一人公司内部结构简单，不设股东会，仅要求股东作出决议时采用书面形式，并由股东签名后置备于公司，以便日后查询。《公司法》第62条规定："一人有限责任公司应当在每一会计年度终了时编制财务会计报告，并经会计师事务所审计。”该条是对一人公司的强制性规定，也是其不同于普通公司之处。

由于只有一个股东，所有者与经营者合一，因此，一人公司决策迅速灵活，能够应对复杂多变的市场需求，但也正是由于只有一个股东，没有制衡，股东权利缺乏相对严格的约束与限制，容易导致公司财产与股东财产混同。一人公司的股东不能证明公司财产独立于股东自己的财产的，应当对公司债务承担连带责任。因此，要避免公司的独立人格被否认，一人公司就必须建立起独立且规范的财务制度，避免股东个人账户与公司账户混同，并在日常经营中保存好公司银行流水等证据材料。

在只有一个投资者的情况下，创业者可以选择设立一人公司或个人独资企业，但两者具有显著差别，详见表1－1。

表1－1　一人公司与个人独资企业的差别

企业类型	一人公司	个人独资企业
投资主体	可以是自然人，也可以是法人	只能是自然人
法律形式	具备法人资格	不具备法人资格
税负	企业所得税＋个人所得税	个人所得税
财务核算	需在每个会计年度终了时编制财务会计报告，并经会计师事务所审计	需依法设置会计账簿，进行会计核算，但无须经过会计师事务所审计

续表

企业类型	一人公司	个人独资企业
投资者承担的责任	股东以其认缴的出资额为限承担有限责任，但在股东无法证明其个人财产与公司财产相互独立时，对企业债务承担连带责任	以个人财产出资的，应当以个人财产对企业债务承担无限责任；企业设立登记时明确以家庭共有财产作为个人出资的，应当依法以家庭共有财产对企业债务承担无限责任

5. 各类创业主体的区别有哪些

各类创业主体的区别详见表1-2。

表1-2　各类创业主体的区别

类型	个体工商户	个人独资企业	合伙企业		有限责任公司	股份有限公司
			普通合伙企业	有限合伙企业		
出资方式	出资方式不限	出资方式不限	合伙人可以用货币、实物、知识产权、土地使用权或者其他财产权利出资，也可以用劳务出资	有限合伙人可以用货币、实物、知识产权、土地使用权或者其他财产权利作价出资，但不得以劳务出资	股东可以用货币出资，也可以用实物、知识产权、土地使用权等可以用货币估价并可以依法转让的非货币财产作价出资；但是，法律、行政法规规定不得作为出资的财产除外	股东可以用货币出资，也可以用实物、知识产权、土地使用权等可以用货币估价并可以依法转让的非货币财产作价出资；但是，法律、行政法规规定不得作为出资的财产除外

续表

类型	个体工商户	个人独资企业	合伙企业		有限责任公司	股份有限公司
			普通合伙企业	有限合伙企业		
经营模式	以个人或家庭为单位进行经营	个人经营或委托他人代为经营	（1）合伙协议有约定按照约定；(2)经全体合伙人决定，可以委托一个或者数个合伙人对外代表合伙企业，执行合伙事务	普通合伙人执行合伙企业事务，有限合伙人不执行合伙事务，不得对外代表有限合伙企业	公司设股东会、董事会和监事会，所有权和经营权分离程度较低	公司设股东会、董事会和监事会，所有权和经营权分离程度较高
利润分配	利润归投资者	利润归投资者	合伙企业的利润分配、亏损分担，按照合伙协议的约定办理；合伙协议不得约定将全部利润分配给部分合伙人或者由部分合伙人承担全部亏损	有限合伙企业不得将全部利润分配给部分合伙人；但是，合伙协议另有约定的除外	原则上，股东按照实缴的出资比例分取红利;但是，全体股东约定不按照出资比例分取红利的除外。分配利润前要先提取法定公积金	股东按照持股比例分配利润。分配利润前要先提取法定公积金

续表

类型	个体工商户	个人独资企业	合伙企业		有限责任公司	股份有限公司
			普通合伙企业	有限合伙企业		
缴纳税款	投资者缴纳个人所得税	投资者缴纳个人所得税	合伙人以从合伙企业获取的利润分配缴纳个人所得税	合伙人以从合伙企业获取的利润分配缴纳个人所得税	公司缴纳企业所得税，股东缴纳个人所得税	公司缴纳企业所得税，股东缴纳个人所得税
责任承担	个人经营的,以个人财产承担;家庭经营的,以家庭财产承担;无法区分的,以家庭财产承担	以个人财产作为出资的,以个人财产对企业债务承担无限责任;以家庭共有财产作为个人出资的,应当依法以家庭共有财产对企业债务承担无限责任	全体合伙人对合伙企业债务承担无限连带责任	普通合伙人对合伙企业债务承担无限（连带）责任；有限合伙人以其认缴的出资为限对合伙企业债务承担有限责任	股东以其认缴的出资额为限对公司承担有限责任	股东以其认购的股份为限对公司承担有限责任

续表

类型	个体工商户	个人独资企业	合伙企业		有限责任公司	股份有限公司
			普通合伙企业	有限合伙企业		
主要优缺点	优:登记简单且没有严格的管理制约,经营和决策灵活,管理成本低。缺:通常规模较小,在经营活动中,特别是在大的商品交易活动中,难以在市场中获得认同。投资人以个人或家庭财产承担无限责任	优:相较于个体工商户,个人独资企业作为一种企业类型,在市场上有更好的信誉保障。相较于公司制企业,设立起点低,管理限制少。缺:投资人需要承担无限责任	优：设立程序较公司简单，合伙人出资形式灵活，可以更好地吸收创业伙伴；合伙企业无须缴纳企业所得税，税负低于公司。缺：合伙人承担无限责任，且对外互相承担连带责任	优：设立程序较公司简单，合伙人出资形式灵活，部分合伙人仅承担有限责任，可以更好地吸收创业伙伴；合伙企业无须缴纳企业所得税，税负低于公司。缺：普通合伙人承担无限责任，且对外互相承担连带责任，有限合伙人不能参与企业的经营，对企业的控制力较小	优：设立程序简单、容易操作，注册过程中不用对外发布公告，账目也不用公开。内部机构设置相对灵活，规模可大可小。缺：不能对外公开发行股票，不利于公司扩大规模	优：公司将总资本分为若干股份，可以对外发行，有利于迅速集中资金，并开展大规模生产。缺：设立程序复杂，政府监管严格，上市公司的账目等必须对外公开

二、选择创业企业类型时应考虑哪些因素

创业者在选择创业主体形式时应了解我国现有法律规定中允许的组织形式，综合考虑各种创业主体类型的优缺点，从而选择一种合适的组织形式。一般来说，选择企业组织形式应着重考虑以下几个方面的因素。

1. 创业者要投资什么行业

法律对投资者采用哪一种主体形式进行投资一般没有强制性要求，但投资某些特殊行业时，法律则对其主体形式有明确的规定。例如，在我国，律师事务所只能采用合伙形式，而银行、保险等金融机构则必须采用公司制。对于法律没有明确规定主体形式的行业，可以根据实务中的通常做法以及创业者的特殊要求来确定组织形式。例如，近些年在创业领域非常热门的私募股权基金，法律规定采取公司制和合伙制均可，但目前流行和惯常的做法是采取有限合伙企业的组织形式。

2. 创业者的风险承担能力是强还是弱

在“大众创业，万众创新”的背景下，无数投资者投身创业，但统计数据表明，创业的失败率很高，仅有少数企业最终能生存下来。因此，组织形式的选择就非常重要，因为

它直接关系到创业者创业失败后可能需要承担的责任。在我国，创业者需要承担的责任包括无限责任和有限责任两种，这两种责任承担方式对创业者风险承担能力的要求不同。

无限责任，是指责任人以自己的全部财产对全部的债务承担责任，直至债务全部清偿完毕。个体工商户、个人独资企业的出资人对其债务承担无限责任。普通合伙企业的合伙人对合伙企业的债务承担无限连带责任，即每个合伙人对合伙企业的债务都负有全部清偿的义务，该合伙企业的债权人有权向合伙人中的任何一人或数人要求其清偿债务的一部分或全部。当某个合伙人向债权人清偿了全部债务后，有权依照合伙协议的约定或法律规定向其他合伙人进行追偿。例如，小明与小甲、小乙按照 6∶3∶1 的出资份额，共同出资 10 万元，投资了一家火锅店，企业市场主体登记为普通合伙企业。后该火锅店因经营不善欠债权人小丙 10 万元货款无法清偿，三人将火锅店转让所得的 2 万元还给小丙后，仍有 8 万元不能清偿。此时，小丙可以要求三人按照出资比例各自清偿应承担的部分，也可以要求三人中的任何一人清偿全部债务。例如，小丙要求小明偿还剩下的 8 万元货款，小明偿还后可按照三人的出资比例对其他二人进行追偿，即要求小甲清偿 2.4 万元，要求小乙清偿 0.8 万元。由此可见，对于承担无限责任的创业者来说，承担的债务风险不仅限于已经投资的财产，还包括全部个人财产，因此相对来说创业风险较大。

有限责任，是指投资人仅以自己在企业中认缴的资本为限对企业债务承担清偿责任，资不抵债时，其多出部分自然免除的责任形式。上例中，如果小明与小甲、小乙投资成立的火锅店市场主体登记为有限合伙企业，小明为有限合伙人。那么，火锅店转让后，将转让款偿还给债权人小丙后，小明在其出资的6万元内承担清偿责任，如仍未清偿完毕，剩下的债务小明将不再有清偿责任。

3. 各类创业主体应缴纳的税负有什么不同

不同投资主体所需缴纳的税负是不一样的。个体工商户、个人独资企业、合伙企业的生产经营所得只计征个人所得税；公司制企业应就其经营所得缴纳企业所得税，同时还要在向股东分配利润时代扣代缴个人所得税。因此，通常情况下，合伙企业及个人独资企业需要缴纳的税负比公司制企业低。当然，在比较不同企业组织形式的税负时，不能仅看名义上的差别，更要关注实际上的差别。比如，公司制企业税负并非一定高于个人独资企业及合伙企业，在某些地区或行业，公司可能会因为享受税收优惠政策而税负更小。此外，在合伙企业中，如果合伙人中既有本国居民，又有外国居民，那么，合伙人由于居民身份国别的不同，税负也会有所差异。

4. 对未来经营期限及融资规模有何考虑

通常合伙企业及个人独资企业的经营期限都不会很长，但公司制企业除非出现法定解散事由或者股东决议解散，是可能永远存在的。因此，创业时可以根据拟经营的期限来选择企业组织形式，若希望将企业持续经营下去，则更建议选择公司制企业形式。此外，企业组织形式对于未来的融资也有较大影响。如果创业者日后发展企业需要的资金规模非常大（融资需求较大），由于股份有限公司可以发行股票进行融资，因此未来对资金需求大的企业，建议设立股份有限公司，可以在资本市场融资。

总而言之，没有哪一种企业组织形式是最好的，也没有哪一种是最差的，主要看是否合适。创业者只有充分了解自己的实际需要，才能选择出最合适的企业组织类型。

三、创设企业之前应注意哪些问题

我国的商事登记实行强制登记制度，创业者无论选择个体工商户、合伙企业还是公司制企业，都要到市场监督管理部门进行市场主体登记，取得营业执照后才可以开展经营活动。因此，创业者在设立登记前应对登记过程中涉及的企业名称、注册区域、篆刻公章、开设账户、经营范围、注册资本等内容，按照法律法规的相关规定提前准备好。

1. 如何给企业取名

企业名称是企业区别于其他经营实体的标记，好的名称寓意深远、朗朗上口，不仅能扩大企业在行业内的影响力，甚至在一定程度上还能提高消费者对企业的认可度。企业只能登记一个名称，且在登记主管机关辖区内不得与已登记注册的同行业企业名称相同或者近似，经过国家市场监管部门依法核准登记的企业名称受法律保护。

企业名称一般应当由以下部分依次组成：

行政区划 + 字号（商号） + 行业（经营特点） + 组织形式

例如，在“昆明一路畅通运输有限责任公司”这一企业名称中，“昆明”为行政区划，“一路畅通”是字号，也是企业名称最核心的要素。字号应当由两个以上汉字组成，县级以上地方行政区划名称、行业或者经营特点不得作为字号，另有含义的除外。“运输”是行业，“有限责任公司”是组织形式。跨省、自治区、直辖市经营的企业，其名称可以不含行政区划名称；跨行业综合经营的企业，其名称可以不含行业或者经营特点。

2020 年修订的《企业名称登记管理规定》第 11 条规定：“企业名称不得有下列情形：（一）损害国家尊严或者利益；（二）损害社会公共利益或者妨碍社会公共秩序；（三）使用或者变相使用政党、党政军机关、群团组织名称及其简称、特定称谓和部队番号；（四）使用外国国家（地区）、国际组织名称及其通用简称、特定称谓；（五）含有淫秽、色情、赌博、迷信、恐怖、暴力的内容；（六）含有民族、种族、宗教、性别歧视的内容；（七）违背公序良俗或者可能有其他不良影响；（八）可能使公众受骗或者产生误解；（九）法律、行政法规以及国家规定禁止的其他情形。”

由多家企业构成的企业集团的名称应当与控股企业名称的行政区划名称、字号、行业或者经营特点一致。控股企业可以在其名称的组织形式之前使用“集团”或者“（集团）”字样，如“一心堂药业集团股份有限公司”“苏宁易购集团股份有限公司”。集团的成员公司可以冠以集团名称或简称，如“一心堂健康管理有限公司”“湖南苏宁易购有限公司”。

分支机构不具有独立的法人资格，在名称上一般应当冠以其所从属企业的名称，并缀以“区域名称”+“分公司”、

“分厂”、“分店”等字词，如“云南常见常新贸易公司呈贡分公司”，其中，“呈贡”是地域名称。分支机构也可以有单独的字号，如“云南常见常新贸易公司安泰分公司”，其中，“安泰”是单独的字号。如果分支机构的主营业务与其隶属企业的主营业务不一致，分支机构还必须明确行业特点，如“云南常见常新贸易公司”的分支机构主营业务为技术开发，因其与隶属企业不一致，可以起名为“云南常见常新贸易公司安宁技术开发分公司”。

在现行立法下，我国企业名称采取分级注册制度，县级以上市场监督管理部门均有权核准注册企业名称，省级市场监督管理部门负责建立本行政区域统一的企业名称申报系统和企业名称数据库。分级注册制度能够有效避免同一辖区内新申请的企业名称与已经核准的、同行业登记的企业名称字号相同或者近似，但该制度对不同区域内企业字号相同或者近似的情形则作用有限。

如果企业名称具有较高的知名度，为防止他人攀附其市场声誉或者造成混淆，可以排除他人注册使用相同或近似的企业名称。根据《中华人民共和国反不正当竞争法》（以下简称《反不正当竞争法》）第 6 条第 2 项的规定，经营者“擅自使用他人有一定影响的企业名称（包括简称、字号等）、社会组织名称（包括简称等）、姓名（包括笔名、艺名、译名等）”，引人误认为是他人商品或者与他人存在特定联系的，构成不正当竞争行为。具有一定的市场知名度、为相关公众所知悉的企业名称中的字号，可以认定为《反不正当竞争法》第 6 条第 2 项规定的“企业名称”。因此，对具有一定知名度的企业，在发现其名称权受到不正当竞争行为损害时，可以向人民法院提起诉讼，就其因被侵权所受到的实际损失向侵权人请求损害赔偿。经营者登记的企业名称违反该条规定的，应当及时办理名称变更登记；名称变更前，由原企业登记机关以统一社会信用代码代替其名称。

2. 如何确定公司住所

公司住所是公司据以开展业务、进行民事活动的中心场所。根据《公司法》第 10 条的规定，公司以其主要办事机构所在地为住所。经公司登记机关登记的公司住所只能有一个，且应当在其公司登记机关辖区内。确定公司的住所既是设立公司的必要条件之一，也是确定诉讼管辖、法律文书送达地及债务履行地的依据，同时还是确定公司登记、税收等管理机关的依据。公司住所发生变更时，应当及时到市场主体登记部门进行变更登记，否则不能对抗善意第三人。

注册公司住所对于企业未来的成长及提升竞争力有重要关系，在选择公司住址时，除考虑环境、成本等因素外，还应综合考虑企业可能获得的税收优惠政策、发展扶持政策等。例如，将公司注册到开发区、工业区、高科技园区等，就可能享受到税收优惠、产业扶持、金融扶持、人才激励以及知识产权发展奖励等多方面的扶持政策及创业鼓励政策。因此，在创业之初，创业者应当根据自己经营的行业，了解在拟注册区域内是否存在相关的鼓励和扶持政策，如果该区域没有这类政策，也可以考虑将公司注册到有该类政策的区域。

3. 开设企业需要多少公章

公章是企业法定权利的符号，领取了营业执照后，创业者就可以携带营业执照到公安机关指定的刻章单位刻章。以创办一家公司为例，需要公司章、财务章、法人章、发票章、合同章等多种印章。它们是公司处理内部事务的印鉴，其中，公司章、财务章、法人章这三个章是必须要篆刻的。公司章是法人权利的象征，以公司名义对外发出的正式信函、文件、报告都会使用该公章，它是公司效力最大的一枚章，一般由董事长或总经理掌管；财务章是公司用于财务核算和银行业务结算时使用的专用章，一般由财务人员、出纳等掌管；法人章也称为法定代表人章，在公司决议、银行事务办理等时使用，由公司的法定代表人保管；发票章是用发票单位和个人按税务机关规定刻制的印章，在公司领购或开具发票时加盖，一般由财务中心负责人指定专人保管；合同章是在签订合同中使用的印章，一般由市场部负责人保管，公司规模较小、没有相应部门负责人的，也可以由法定代表人统一保管。公司印章应由专人保管，一般不得将公章带离公司；如必须带离的，使用后应及时归还。严格禁止在空白的合同、协议及证明文书等文件上加盖印章。印章破损或遗失的，应第一时间通知法定代表人，并采取相关措施。

4. 企业为什么需要设立对公账户

按照我国相关法律的规定，企业经营活动中的每一笔资金往来都应该通过企业开立的对公账户进行，这有助于税务机关对企业资金进行查验。因此，企业在注册完成后应及时到银行开设账户。企业开立的账户一般包括：基本账户、一般账户、专用专户和临时账户。

基本账户是指存款人办理日常转账结算和现金收付的账户，企业向员工发放工资以及办理日常的转账结算和现金收付都必须经过基本账户。一家公司只能在一家金融机构开立一个基本账户。一般账户是存款人因借款或其他结算需要，在基本账户开户银行以外的银行营业机构开设的银行结算账户，公司可以有多个一般账户。专用账户是存款人依照法律法规的规定，对有特定用途的资金进行专项管理和使用而开立的银行结算账户，例如，企业为用于住房基金、社会保障基金等需要专项管理和使用的资金而开立的账户。临时账户是指存款人因临时需要并在规定期限内使用而开立的银行结算账户。

基本账户是企业必须开设的，其他账户则可因需办理。如果没有对公账户，公司的账款就只能打到股东私人账户，这将使公司和股东面临极高的风险。此外，没有对公账户，公司开具发票、扣税、入驻电商平台、出口、办理社保、办理住房公积金等行为都将难以进行，因此，公司成立后应当及时开立对公账户。

5. 如何确定经营范围

经营范围是指企业可以从事的生产经营与服务项目的范围，它反映了企业业务活动的内容和生产经营的方向。企业的经营范围分为一般经营项目和许可经营项目。一般经营项目，是指不需要批准，企业可以自主申请的项目。许可经营项目，是指企业在申请登记前就应当报经有关部门批准的项目。审批又分为前置审批和后置审批：前置审批是指在办理营业执照前就需要先去审批，如餐饮服务行业的《食品卫生许可证》等；后置审批是指企业领取营业执照后再按照相关规定办理相应的许可证，之后才能营业，如建筑行业的相关资质证等。根据《公司法》的规定，公司的经营范围由公司章程规定，公司不能在章程规定的经营范围之外进行登记注册。初创企业不知道如何确定经营范围的，可以参考同行业其他经营者的经营范围。

近年来，我国对于公司经营范围的限制已经逐步放宽，大部分经营项目都在法律允许的经营范围内，公司可以在这一范围内自由选择自己的经营项目。在确定公司经营范围时，既要考虑目前的业务与经营活动，也要考虑近期有计划开展或从事的业务与经营活动，同时还要考虑与公司目前经营的实际业务和经营活动相关的或周边的业务与经营活动。当然，公司的经营范围并不是固定不变的，随着经济环境及公司决策的变化，公司可以调整经营范围，但变更经营范围应当依法办理，并办理变更登记手续。

6. 创建企业需要多少注册资本

注册资本是企业发起人因企业经营需要提供给企业的资本总数。个人独资企业及合伙企业的发起人对企业的债务承担无限（连带）责任，法律对这些主体注册登记时的注册资本并没有特殊要求，但公司股东对公司债务以出资为限承担有限责任，因此，注册资本对公司及其股东有十分重要的意义。2014 年，我国开始实行注册资金认缴登记制度，除特种行业外，绝大部分的公司注册时已经没有最低限额的要求，也不再要求公司设立时股东（发起人）的首次出资比例和缴足出资的期限。这意味着，理论上除募集方式设立的股份有限公司和银行、保险、证券、融资租赁、建筑施工、典当、外商投资、劳务派遣等行业仍实行法定注册资本外，其他类型的企业注册资本可以自由设定，且无须注册资本验资报告。认缴登记制极大地降低了设立企业的门槛，给创业者带来了极大的便利。但需要特别注意的是，认缴制下公司股东的出资只是可以暂缓缴纳，而非永久免除。因此，在申报出资时，创业者应衡量自身的债务承担能力，科学申报出资。

公司在填写注册资本时应考虑以下因素：

首先，公司注册资本要与所在行业资质挂钩。例如，互联网公司申请ICP[①]经营许可证时，要求公司注册资本在100万元以上；天猫、京东对入驻平台的商家均有最低注册资本的要求：天猫要求入驻的企业注册资本大于100万元，京东则要求注册资本大于50万元。

其次，注册资本越大，承担的风险和责任就越大。有些创业者不考虑公司的整体实力与实际需求，本身仅是轻资产运营公司，没有实际业务量，日常经营流水可能一年不超过100万元，但为彰显“实力”，盲目地把注册资本增大，动辄上千万元，甚至上亿元，为股东日后承担责任埋下隐患。需要特别注意的是，注册资本认缴制并不代表股东不需要缴纳注册资本，只是在企业设立时不需要缴清股东认缴的所有出资，但在公司欠债无力偿还或公司申请破产时，股东如果未缴清注册资本的，则即使依照公司章程的约定还未到缴纳期限，股东也应当补足。例如，小明和朋友申请注册一家注册资本为100万元的有限责任公司，小明认缴60%的出资份额，即需要出资60万元。后来公司经营不善，欠了1000万元的外债，那么，小明最多只需用他60万元的出资额来承担责任，超出的部分就与其无关了。但如果这家公司的注册资本是1000万元，小明依旧占60%的股权，那么小明就要承担600万元的清偿责任。由此可见，股东认缴的出资越大，承担的责任也越大。

最后，注册资本在公司成立后可以增资，创业者在创

① ICP，即Internet Content Provider，网络内容服务商。

业初期不宜盲目地将注册资本设定过高，可以考虑在公司规模扩大后，再做注册资金的增资处理，以免增加创业风险。

四、设立市场经营主体要经过哪些流程

2022 年 3 月施行的《中华人民共和国市场主体登记管理条例》（以下简称《市场主体登记管理条例》）改变了过去对不同类型市场主体分别登记的制度，要求对所有市场主体进行统一登记。该条例第 2 条规定："本条例所称市场主体，是指在中华人民共和国境内以营利为目的从事经营活动的下列自然人、法人及非法人组织：（一）公司、非公司企业法人及其分支机构；（二）个人独资企业、合伙企业及其分支机构；（三）农民专业合作社（联合社）及其分支机构；（四）个体工商户；（五）外国公司分支机构；（六）法律、行政法规规定的其他市场主体。"该条例第 3 条规定："市场主体应当依照本条例办理登记。未经登记，不得以市场主体名义从事经营活动。法律、行政法规规定无需办理登记的除外。市场主体登记包括设立登记、变更登记和注销登记。"

1. 设立市场经营主体要登记哪些事项

《中华人民共和国市场主体登记管理条例实施细则》（以下简称《市场主体登记管理条例实施细则》）第 6 条规定："市场主体应当按照类型依法登记下列事项：（一）公司：名称、类型、经营范围、住所、注册资本、法定代表人姓名、有限责任公司股东或者股份有限公司发起人姓名或者名称。

（二）非公司企业法人：名称、类型、经营范围、住所、出资额、法定代表人姓名、出资人（主管部门）名称。（三）个人独资企业：名称、类型、经营范围、住所、出资额、投资人姓名及居所。（四）合伙企业：名称、类型、经营范围、主要经营场所、出资额、执行事务合伙人名称或者姓名，合伙人名称或者姓名、住所、承担责任方式。执行事务合伙人是法人或者其他组织的，登记事项还应当包括其委派的代表姓名。（五）农民专业合作社（联合社）：名称、类型、经营范围、住所、出资额、法定代表人姓名。（六）分支机构：名称、类型、经营范围、经营场所、负责人姓名。（七）个体工商户：组成形式、经营范围、经营场所，经营者姓名、住所。个体工商户使用名称的，登记事项还应当包括名称。（八）法律、行政法规规定的其他事项。”

2. 设立市场经营主体要经过哪些流程

目前，我国市场主体登记已实现了电子化操作，国务院市场监督管理部门根据市场主体类型分别制定登记材料清单和文书格式样本，通过政府网站、登记机关服务窗口等向社会公开。申请人可以自己办理，也可以委托其他自然人或者中介机构代其办理市场主体登记。设立市场经营主体的流程如图 1－2 所示。

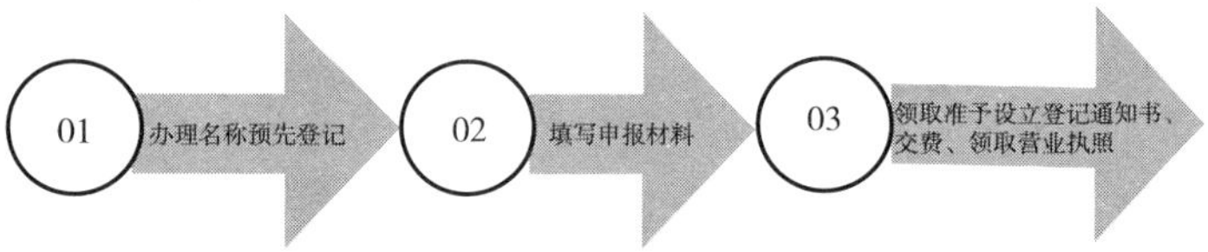

图 1 - 2　设立市场经营主体的流程

以设立公司为例，不同类型的公司需提交的材料及流程有所差异，但一般都需要经过以下程序：

（1）发起人发起。这是设立公司的预备阶段，在发起人明确了设立公司的意向后，应做好必要的准备。如果发起人人数较多，应当签订发起人协议，明确各个发起人的权利和义务。

（2）公司名称的预先核准。为避免与他人名称重复，公司进行名称预先核准时应按照相关法律法规的要求至少取三个以上的备选名称，并填写名称预先核准申请书，提交投资人身份证等材料。公司名称核准通过后，才可以进行市场主体登记。

（3）制定公司章程。公司章程应经全体发起人共同商议后起草，并经全体股东通过后发生法律效力。有限责任公司全体发起人应当在公司章程上签名、盖章，股份有限公司则由发起人制定公司章程，并在章程中载明姓名或名称。

（4）行政审批或备案。如果设立的公司依据法律、行政法规规定应当报经批准，或者公司经营范围中包括属于法律、行政法规或者国务院决定规定的在登记前须经批准的项目，应当依照法律法规的规定履行必要的批准手续。例如，开办餐饮企业应获得食品药品监管部门批准的《食品经营许可证》，设立保险公司应获得保险监管部门的批准等。

（5）准备申请材料，网上提交公司设立申请。申请办理设立登记，应当提交下列材料：①申请书；②申请人资格文件、自然人身份证明；③住所或者主要经营场所相关文件；④公司、非公司企业法人、农民专业合作社（联合社）章程或者合伙企业合伙协议。在准备好上述材料后，由全体股东指定的代表或者共同委托的代理人在市场监管部门的网站按指示进行申请填报。

（6）领取营业执照。登记机关应对设立登记申请进行审查，对符合公司法规定条件的，予以登记并颁发营业执照。营业执照签发之日为公司成立之日，公司取得法人资格。

（7）篆刻公章。初创公司可以凭借营业执照，到公安机关指定的刻章机构刻印公章、合同章及财务章等。

（8）税务登记、申办税控。营业执照和印章办理完毕后，登录电子税务局进行线上报到登记。在此过程中，公司需与税务局、银行签订三方协议，此后税务局会根据公司每个月的报税，自动从公司在银行的基本账户中扣税。进行税务登记后，初创公司还需要申办税控，购买安装适合的税控机，以记录公司每日的营业数据和应纳税额，这些是向纳税机构纳税的凭据。之后再申领一些空白发票用于以公司的名义开具发票。

对于特殊的行业，还需要办理特殊的登记手续。例如，从事进出口贸易的公司，后续还需要进行对外贸易经营者备案登记、海关登记、检验检疫登记等。

3. 如何开设一家网店

据统计，自 2013 年起，我国连续多年成为全球最大的网络零售市场，开设一家网店进行创业成为很多创业者的选择。网店准确的名称应为网络商品经营者，作为电子商务的一种形式，其也应当进行市场主体登记，但应当注意的是，市场主体登记不同于网络平台的注册。以在淘宝网站注册一家店铺为例，网络注册是获得利用淘宝平台从事经营活动和其他活动的资格，用户和淘宝平台签订《淘宝服务协议》的目的是规范双方在开店过程中的权利义务关系。根据该协议，淘宝网应当为用户提供网络平台服务，用户则可以利用该网络平台发布商品和信息、购买商品和服务等，双方之间是一种平等的民事法律关系。市场主体登记则不同，它是赋予创业者从事商品经营或提供服务的一种法律上的主体资格，如果没有这种资格而从事经营活动，就要承担一定的法律责任。网络经营仅是一种经营手段，它并不影响创业主体的形式，创业者首次创业时应根据自己选择的创业主体类型进行市场主体登记。如果是已经登记并取得营业执照的企业或个体工商户从事电子商务经营活动，其经营范围与市场主体登记的经营范围一致的，则无须重复登记。

开设一家淘宝店铺的流程如图 1 – 3 所示：

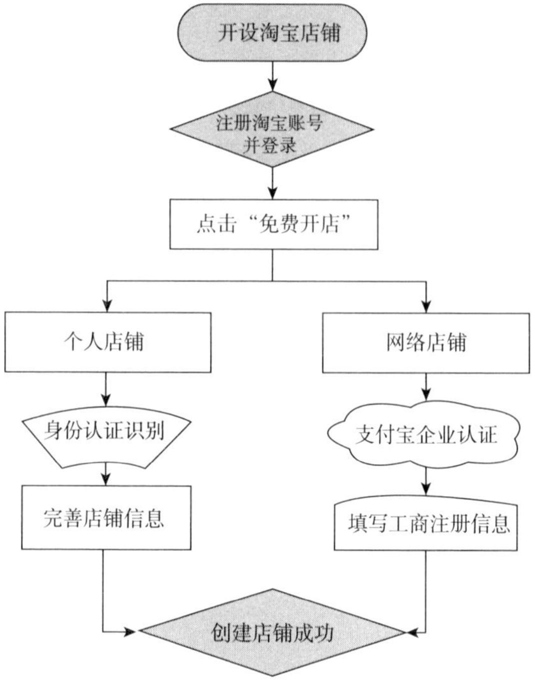

图 1－3　开设淘宝店铺流程

法条速递

《中华人民共和国公司法》第一百四十一条　发起人持有的本公司股份，自公司成立之日起一年内不得转让。公司公开发行股份前已发行的股份，自公司股票在证券交易所上市交易之日起一年内不得转让。

公司董事、监事、高级管理人员应当向公司申报所持有的本公司的股份及其变动情况，在任职期间每年转让的股份不得超过其所持有本公司股份总数的百分之二十五；所持本公司股份自公司股票上市交易之日起一年内不得转让。上述人员离职后半年内，不得转让其所持有的本公司股份。公司章程可以对公司董事、监事、高级管理人员转让其所持有的本公司股份作出其他限制性规定。

《中华人民共和国反不正当竞争法》第六条 经营者不得实施下列混淆行为，引人误认为是他人商品或者与他人存在特定联系：

（一）擅自使用与他人有一定影响的商品名称、包装、装潢等相同或者近似的标识；

（二）擅自使用他人有一定影响的企业名称（包括简称、字号等）、社会组织名称（包括简称等）、姓名（包括笔名、艺名、译名等）；

（三）擅自使用他人有一定影响的域名主体部分、网站名称、网页等；

（四）其他足以引人误认为是他人商品或者与他人存在特定联系的混淆行为。

第二章

企业如何开展经营

一、个人独资企业如何经营

个人独资企业投资人既可以自行管理企业事务，也可以委托或者聘用其他具有民事行为能力的人负责企业的事务管理。受托管理个人独资企业事务的人员不得索取或者收受贿赂，不得侵占企业财产，不得挪用企业的资金归个人使用或者借贷给他人。投资人委托或者聘用他人管理个人独资企业事务，应当与受托人或者被聘用的人签订书面合同，明确委托的具体内容和授予的权利范围，但应注意，投资人对受托人或者被聘用的人员职权的限制不得对抗善意第三人。例如，小明投资设立了一家名为“小明摄影工作室”的个人独资企业，平时委托大明经营，委托协议中约定个人独资企业签订1万元以上的服务合同必须经小明同意。某次，大明未取得小明的同意就与不知情的小甲签署了一份标的为3万元的销售合同，此时，小明不得以大明超出委托范围签约而否认合同的效力，但小明在履行合同后可以追究大明的责任。

二、合伙企业如何经营

合伙协议是合伙人集体意志的体现，是合伙企业开展经营活动的基础。在合伙协议没有约定的情况下，如何选择对外代表合伙企业执行合伙事务的人，合伙人如何表决，合伙企业如何分配利润、分担亏损，新入伙的合伙人、退伙人如何承担债务等问题，关系到合伙企业的经营与发展。

1. 如何拟定合伙协议

合伙协议是全体合伙人依照法律规定协商一致、以书面形式订立的合伙企业的契约。它是调整合伙关系、规范合伙人之间权利义务的法律文件，是合伙企业设立和从事经营管理活动的基本依据。订立合伙协议，应当遵循自愿、平等、公平、诚实信用原则。合伙协议由合伙人协商确定，一般包括以下基本内容：（1）合伙企业的名称、主要经营场所的地点。（2）合伙目的、合伙企业的经营范围。（3）合伙人的姓名或名称、住所。（4）合伙人的出资方式、数额和缴付期限。（5）利润分配、亏损分担方式。（6）合伙事务的执行。（7）入伙与退伙。（8）争议解决办法。（9）合伙企业的解散与清算。（10）违约责任。

合伙企业是典型的人合性企业，因此，合伙人的出资形式比较灵活，合伙人以非货币形式出资，如以技术、特定劳务或特定资源出资的，应就如何评估其价值并计算其在企业中的份额进行明确约定。

书面合伙协议不仅能够证明合伙人之间的民事法律关系，而且是权利人实现权利的重要证据。合伙协议经全体合伙人签名、盖章后生效，各合伙人按照合伙协议享有权利，履行义务。经全体合伙人一致同意，可以修改或者补充合伙协议。合伙协议没有约定或者约定不明确的事项，由合伙人协商决定；协商不成的，依照《合伙企业法》和其他有关法律、行政法规的规定处理。

2. 谁来代表合伙企业执行合伙事务

普通合伙企业的合伙人既可以授权由部分合伙人负责合伙企业的经营，其他合伙人仅出资并共负盈亏，也可以约定由所有合伙人共同经营，或者聘任合伙人以外的其他人担任合伙企业的经营管理人员。例如，小明与小刘、小黄共同成立了一家普通合伙企业，三名合伙人对执行合伙事务享有同等的权利。根据合伙协议的约定或者经全体合伙人决定，可以委托三人中的一人或者数人对外代表合伙企业，执行合伙事务。如果委托小明执行合伙事务，则小刘和小黄不再执行合伙事务，但有权监督小明的事务执行情况，也有权查阅合伙企业会计账簿等财务资料。小明应当定期向小刘和小黄汇报事务执行情况以及合伙企业的经营和财务状况，小明执行合伙事务所产生的收益归合伙企业，所产生的费用和亏损也由合伙企业承担。根据《合伙企业法》第35条的规定，被聘任的合伙企业的经营管理人员应当在合伙企业授权范围内履行职务。超越合伙企业授权范围履行职务，或者在履行职务过程中因故意或重大过失给合伙企业造成损失的，依法承担赔偿责任。

有限合伙企业由普通合伙人执行合伙事务，有限合伙人不得以劳务出资。根据《合伙企业法》第68条的规定，有限合伙人不执行合伙事务，不得对外代表有限合伙企业。有限合伙人的下列行为，不视为执行合伙事务：（1）参与决定普通合伙人入伙、退伙；（2）对企业的经营管理提出建议；（3）参与选择承办有限合伙企业审计业务的会计师事务所；（4）获取经审计的有限合伙企业财务会计报告；（5）对涉及自身利益的情况，查阅有限合伙企业财务会计账簿等财务资料；（6）在有限合伙企业中的利益受到侵害时，向有责任的合伙人主张权利或者提起诉讼；（7）执行事务合伙人怠于行使权利时，督促其行使权利或者为了本企业的利益以自己的名义提起诉讼；（8）依法为本企业提供担保。

3. 合伙企业中合伙人如何表决

合伙人的信用及相互间的信任是合伙企业存续的基础，因此，合伙人对合伙企业的相关事项进行表决时，并不按照出资占注册资本的比重享有相应比例的表决权。在合伙协议没有特别约定或约定不明的情况下，合伙人实行一人一票制，对合伙企业的一般事项经全体合伙人过半数通过即可。对改变合伙企业的名称、改变合伙企业的经营范围、主要经营场所的地点、处分合伙企业的不动产、转让或者处分合伙企业的知识产权和其他财产权利、以合伙企业名义为他人提供担保、聘任合伙人以外的人担任合伙企业的经营管理人员等重要事项，除合伙协议另有约定外，应当经全体合伙人一致同意。

4. 合伙企业如何分配利润、分担亏损

根据《合伙企业法》第 33 条的规定，合伙企业的利润分配与亏损分担应当按照以下顺序进行：合伙协议有约定的，按照约定办理；合伙协议未约定或者约定不明确的，由合伙人协商决定；协商不成的，由合伙人按照实缴出资比例分配和分担；无法确定出资比例的，由合伙人平均分配、分担。但应注意，合伙协议不得约定将全部利润分配给部分合伙人或者由部分合伙人承担全部亏损。

5. 新入伙的合伙人、退伙人应如何承担债务

合伙企业在经营过程中，可能会发生合伙人的变动：新人加入合伙企业或者原合伙人退出合伙企业。根据《合伙企业法》第43、44 条的规定，除合伙协议另有约定外，经全体合伙人一致同意并签订书面入伙协议的，可以入伙。订立入伙协议时，原合伙人应当向新合伙人如实告知原合伙企业的

经营状况和财务状况。入伙协议没有另外约定的，新入伙的合伙人与原合伙人享有同等权利、承担同等责任。新合伙人对入伙前合伙企业的债务承担无限连带责任。

合伙人在不对合伙企业事务执行造成不利影响的情况下，可以退出合伙，但应当提前30日通知其他合伙人。在合伙人有未履行出资义务、因故意或重大过失给合伙企业造成损失、执行合伙事务时有不正当行为等情形时，合伙企业可以决议对其进行除名退伙。退伙人应当与其他合伙人按照退伙时的合伙企业财产状况进行结算，退还退伙人的财产份额。退伙人对其退伙发生的合伙企业债务，承担无限连带责任。例如，小明、小刘和小黄成立了甲合伙企业，因合同履行问题欠乙公司货款10万元。运营一段时间后，合伙人小黄因与其他两位合伙人意见不一致而退出合伙企业，小明和小刘又邀请了大明加入合伙企业，并如实告知大明该合伙企业的经营状况和财务情况。根据我国《合伙企业法》的相关规定，小黄退出合伙企业后仍对10万元债务承担连带责任，新加入的大明对包括10万元在内的入伙前产生的债务也应当承担连带责任。

三、公司如何经营

在我国，公司的治理就是依照公司章程的规定，规范股东、股东会、董事会、监事会及高级管理人员的权利义务分配，从而保障公司的高效运转，保证公司董事、高级管理人员等能够忠诚地履行职务，不实施侵害股东利益的行为。

1. 起草公司章程时应注意哪些问题

公司章程是公司组织和行为的基本准则，是公司成立和赖以生存的基础，也是股东之间或股东与公司之间权利义务最直接和有效的书面依据，是公司的内部宪章。然而，在实践中，很多创业者并未意识到公司章程的重要性，往往不考虑公司间的差异性，直接套用公司登记机关或代办机构提供的章程范本，导致公司章程缺乏针对性，对各方权利义务的规定不明确，不具有可操作性，在公司运营中难以发挥应有的作用，不能很好地预防和解决公司纠纷。公司章程内容繁杂，建议由专业人士起草，特别是未来准备上市的公司，可以委托熟悉公司业务的专业律师起草。起草公司章程应当注意以下问题：

第一，公司章程的内容应当完整、合法。为保障公司章程的合法性，起草公司章程时应当以《公司法》为蓝本。《公司法》将章程的记载内容分为必要记载事项和任意记载事项。有限责任公司章程的必要记载事项包括：公司名称和住所，公司经营范围，公司注册资本，股东的姓名或者名称，股东的出资方式、出资额和出资时间，公司的机构及其产生办法、职权、议事规则，公司法定代表人及股东会会议认为需要规定的其他事项。股份有限公司章程的必要记载事项包括：公司名称和住所，公司经营范围，公司设立方式，公司股份总数、每股金额和注册资本，发起人的姓名或者名称、认购的股份数、出资方式和出资时间，董事会的组成、职权和议事规则，公司法定代表人，监事会的组成、职权和议事规则，公司利润分配办法，公司的解散事由与清算办法，公司的通知和公告办法以及股东大会会议认为需要规定的其他事项。遗漏上述事项中的任一项，将会导致公司章程无效，公司将无法获得设立登记。任意记载事项是公司可以自行决定记载或不记载的事项，记载在章程中就产生效力，不记载则不产生效力，也不影响公司章程的效力。

第二，公司章程应当结合公司的实际情况规定特别事项，如将公司经营管理制度、权力制约、利益分配等股东关注的事项都写入章程中，并尽可能建立纠纷解决机制。章程应当明确公司董事、监事的权利和义务，如公司向其他公司提供担保或投资时，是由董事会还是股东会来决定。有限责任公司股东在股东会会议上行使表决权的比例等问题最好也都规定在章程中，以免日后因责任不明而引发纠纷。此外，公司章程中应对经理人的管理规则进行规定，包括经理人在公司经营管理中具体的审批金额、权限，严格按照公司的预算制度执行等权责内容。总之，对容易引起纠纷的特别事项都应在章程中明确规定，这样才能使公司股东之间、公司与股东之间建立起良好的关系，保证公司良性运营。

第三，公司章程应当具有可操作性。公司章程应当将《公司法》中关于章程的原则性规定进行细化，使其具有可操作性。例如，《公司法》规定公司章程应当规定股东会召开定期会议，那么，章程应当就如何召开、召开的程序等具体问题进行详细规定。比如，一般公司都会按照《公司法》的规定提前15日通知全体股东召开股东会会议，那么，公司章程就应细化规定以下内容：由谁来通知；以何种形式通知；通知发往的地址是股东的法定地址还是实际地址；如果某股东将会议通知退回，应认定为未收到还是拒绝参会；股东未收到通知但却参加了股东会的，对该股东提出的异议如何处理等。

2. 公司应设哪些组织机构

作为法律上拟制的主体，公司的运营离不开公司机构，其行为和意思表示也离不开公司的管理机构。根据我国《公司法》的规定，有限责任公司和股份有限公司都应当设立股东会（股东大会）、董事会及监事会。股东会（股东大会）是公司的最高权力机构和最高决策机构。董事会对股东会负责，是股东会的执行机构，受股东会委托管理公司。监事会

（或监事）是公司的监督机构，对董事、总经理及其他高级管理人员履行职务的行为进行监督。总经理主持公司的生产经营管理工作，向董事会负责，全面组织实施董事会的有关决议和规定，完成董事会下达的各项指标，并将实施情况向董事会汇报。公司机构的组织形式、议事方式等除《公司法》另有规定外，应由公司章程规定，因此，在起草公司章程时应当详细规定组织机构的召集、召开方式及议事规则等，并在召开会议后做好会议笔录及决议。

（1）股东会（股东大会）有哪些职权

股东会（股东大会）是公司的权力机构，由全体股东组成。有限责任公司应设立股东会，但一人有限公司、外商独资企业以及国有独资公司除外；股份有限公司应设立股东大会。有限责任公司股东会与股份有限公司股东大会的权力基本一致，其职权主要包括：①决定公司的经营方针和投资计划；②选举和更换非由职工代表担任的董事、监事，决定有关董事、监事的报酬事项；③审议批准董事会的报告；④审议批准监事会或者监事的报告；⑤审议批准公司的年度财务预算方案、决算方案；⑥审议批准公司的利润分配方案和弥补亏损方案；⑦对公司增加或者减少注册资本作出决议；⑧对发行公司债券作出决议；⑨对公司合并、分立、解散、清算或者变更公司形式作出决议；⑩修改公司章程；⑪公司章程规定的其他职权。对上述事项股东以书面形式一致表示同意的，可以不召开股东会（股东大会）会议，直接作出决定，并由全体股东在决定文件上签名、盖章。

股东会（股东大会）并非常设机构，其议事和表决通常通过召开定期会议和临时会议的形式进行，有限责任公司股东会与股份有限公司股东大会在会议召集、表决程序等方面存在一定的差异。有限责任公司股东会一般是通过召开定期会议和临时会议的形式形成决议。定期会议应当依照章程的规定按时召开，代表1/10以上表决权的股东、1/3以上的董事、监事会或者不设监事会的公司的监事提议召开临时会议的，应当召开临时会议。股份有限公司的股东大会应当每年召开一次年会。有下列情形之一的，应当在两个月内召开临时股东大会：①董事人数不足《公司法》规定人数或者公司章程所定人数的2/3时；②公司未弥补的亏损达实收股本总额1/3时；③单独或者合计持有公司10%以上股份的股东请求时；④董事会认为必要时；⑤监事会提议召开时；⑥公司章程规定的其他情形。

有限责任公司召开股东会会议，应当于会议召开15日前通知全体股东；但是，公司章程另有规定或者全体股东另有约定的除外。股东会应当对所议事项的决定作成会议记录，出席会议的股东应当在会议记录上签名。

股份有限公司召开股东大会会议，应当将会议召开的时间、地点和审议的事项于会议召开20日前通知各股东；临时股东大会应当于会议召开15日前通知各股东；发行无记名股票的，应当于会议召开30日前公告会议召开的时间、地点和审议事项。

关于股东会（股东大会）的表决。除公司章程另有约定外，有限责任公司股东会会议由股东按照出资比例行使表决权；股份有限公司的股东出席股东大会会议，所持每一股份有一表决权，公司持有的本公司股份没有表决权。股东会（股东大会）会议作出修改公司章程、增加或者减少注册资本的决议，以及公司合并、分立、解散或者变更公司形式的决议，有限责任公司必须经代表2/3以上表决权的股东通过，股份有限公司必须经出席会议的股东所持表决权的2/3以上通过。

（2）董事会有哪些职权

董事会是对内掌管公司事务，对外代表公司的经营决策机构。有限责任公司设董事会，其成员为3人至13人。股东人数较少或者规模较小的有限责任公司，可以设1名执行董事，不设董事会。执行董事可以兼任公司经理。股份有限公司设董事会，其成员为5人至19人。董事会成员中可以有公司职工代表，职工代表由公司职工通过职工代表大会、职工大会或者其他形式民主选举产生。董事会成员人数应为单数，以免董事会在作出决定时出现赞成、反对各半的僵局。根据《公司法》第46条的规定，董事会对股东会负责，行使下列职权：①召集股东会会议，并向股东会报告工作；②执行股东会的决议；③决定公司的经营计划和投资方案；④制订公司的年度财务预算方案、决算方案；⑤制订公司的利润分配方案和弥补亏损方案；⑥制订公司增加或者减少注册资本以及发行公司债券的方案；⑦制订公司合并、分立、解散或者变更公司形式的方案；⑧决定公司内部管理机构的设置；⑨决定聘任或者解聘公司经理及其报酬事项，并根据经理的提名决定聘任或者解聘公司副经理、财务负责人及其报酬事项；⑩制定公司的基本管理制度；⑪公司章程规定的其他职权。

股份有限公司董事会的职权与有限责任公司相同，但召集和表决程序不同。在召集方面，有限责任公司董事会的定期会议召集时间根据公司章程规定进行，临时会议则根据具体需要召开，《公司法》对其召开的程序没有规定，公司可以在章程中就召集程序作出更为明确的规定。股份有限公司董事会每年度至少召开两次会议，每次会议应当于会议召开10日前通知全体董事和监事。代表1/10以上表决权的股东、1/3以上董事或者监事会，可以提议召开董事会临时会议。董事长应当自接到提议后10日内，召集和主持董事会会议。

在表决程序方面，除《公司法》另有规定外，有限责任公司董事会的议事方式和表决程序由公司章程规定。公司可以在章程中规定出席董事会会议的董事达到多少比例会议有效，方可作出决议，哪些决议可以按简单多数通过，哪些需要按特别多数或者全票通过等。董事会应当对会议所议事项的决定作成会议记录，出席会议的董事应当在会议记录上签名。董事应当对董事会的决议承担责任。董事会的决议违反法律、行政法规或者公司章程、股东大会决议，致使公司遭受严重损失的，参与决议的董事对公司负赔偿责任。但经证明在表决时曾表明异议并记载于会议记录的，该董事可以免除责任。有限责任公司可以设经理，由董事会决定聘任或者解聘。经理列席董事会会议。股份有限公司董事会会议应有过半数的董事出席方可举行。董事会作出决议，必须经全体股东过半数通过。

（3）监事会有哪些职权

监事会由监事组成，是公司必设的法定监督机关，主要负责检查公司的财务状况、公司高级管理人员的职务执行情况，以及其他由公司章程规定的监察职责。公司设监事会，其成员不得少于3人。股东人数较少或者规模较小的有限责任公司，可以设1~2名监事，不设监事会。监事会应当包括股东代表和适当比例的公司职工代表，其中职工代表的比例不得低于1/3，具体比例由公司章程规定。监事会中的职工代表由公司职工通过职工代表大会、职工大会或者其他形式民主选举产生。董事、高级管理人员不得兼任监事。监事的任期为每届3年，任期届满，连选可以连任。

根据《公司法》第53条的规定，监事会、不设监事会的公司的监事行使下列职权：①检查公司财务；②对董事、高级管理人员执行公司职务的行为进行监督，对违反法律、行政法规、公司章程或者股东会决议的董事、高级管理人员提出罢免的建议；③当董事、高级管理人员的行为损害公司的利益时，要求董事、高级管理人员予以纠正；④提议召开临时股东会会议，在董事会不履行本法规定的召集和主持股东会会议职责时召集和主持股东会会议；⑤向股东会会议提出提案；⑥依照《公司法》第151条的规定，对董事、高级管理人员提起诉讼；⑦公司章程规定的其他职权。

监事可以列席董事会会议，并对董事会决议事项提出质询或者建议。监事会、不设监事会的公司的监事发现公司经营情况异常，可以进行调查；必要时，可以聘请会计师事务所等协助工作，费用由公司承担。关于有限责任公司监事会职权的规定，适用于股份有限公司监事会。

3. 什么是“法定代表人”

实践中，人们常将“法定代表人”称为“法人”，但事实上“法定代表人”与“法人”是两个完全不同的概念。企业法人特指公司，是具有民事权利能力和民事行为能力，依法独立享有民事权利和承担民事义务的组织，法定代表人则是指个人，是代表法人从事民事活动的负责人，处于法人的核心管理地位。法定代表人对外代表法人全权处理一切民事活动，如签署合同、参加诉讼和仲裁等，法律后果则由企业法人承担；对内负责公司的日常经营和管理，执行股东会（股东大会）和董事会的决议。

（1）哪些人可以担任“法定代表人”

《公司法》第13条规定，公司法定代表人依照公司章程的规定，由董事长、执行董事或者经理担任，并依法登记。公司法定代表人变更，应当办理变更登记。

由此可见，公司法定代表人由公司章程规定，而不由法律直接规定，但《公司法》将担任公司法定代表人的人员限制在公司的董事长、执行董事或者经理这三类人上，其他人如副董事长、董事会成员、副经理等都没有资格担任，至于是否为公司的股东并不是成为法定代表人的条件。

容易与法定代表人相混淆的另一个概念是实际控制人。根据《公司法》的规定，实际控制人是指虽不是公司的股东，但通过投资关系、协议或者其他安排，能够实际支配公司行为的人。可以说，实际控制人是公司实际上的所有者，是公司真正的老板。法定代表人一定是公司的董事长、执行董事或经理，但却不一定是公司的实际控制人。当然，在大多数情况下法定代表人就是公司的实际控制人，但也并不都是如此，有些情况下，实际控制人由于种种原因也会选择让其他人担任公司的法定代表人。公司成立时，股东们可以自行决定法定代表人，并在公司章程中作出明确规定，同时向市场监督管理部门登记，以确定法定代表人的资格。法定代表人可以变更，但应及时进行变更登记，因为市场主体登记对外具有公示的效力，不及时变更登记不得对抗善意第三人。

担任公司的法定代表人除上述身份限制外，相关法律法规还规定了其他的限制条件。例如，《公司法》第 146 条列举了不得担任公司董事、监事、高级管理人员的情形，法定代表人作为公司的董事长、执行董事或经理自然也受该条规定的限制；《市场主体登记管理条例》第12条明确列举了不得担任公司、非公司企业法人的法定代表人的情形。

(2) 担任法定代表人可能面临哪些法律风险

法定代表人作为公司的代表，通过使用印章、签署文件等方式控制公司的重大经营活动，并对外代表公司开展业务。这一职位听上去位高权重、风光无限，但也需承担相应的法律风险，因此，作为法定代表人只有意识到这些潜在的风险，才能及时防范。法定代表人在履行职务的过程中可能面临的主要民事、刑事及其他法律风险，如图2-1所示。

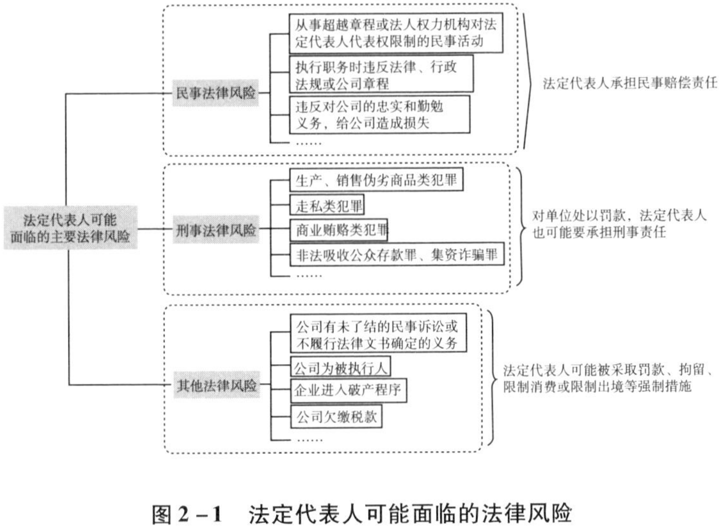

图2-1　法定代表人可能面临的法律风险

第一，法定代表人可能面临的民事法律风险。首先，法定代表人在经营过程中因过错导致公司向第三人承担民事责任，公司对外承担了相关责任后，有权就其损失要求法定代表人予以赔偿。一般而言，法定代表人的过错体现在，其在经营行为中违反法律、行政法规和公司章程，或在经营过程中超越公司章程或法人权力机构对法定代表人代表权的限制订立合同，且相对人有足够理由相信该法定代表人的行为是代表公司的，构成表见代理，该合同有效。如果法定代表人的行为给公司造成损失，公司在向合同相对人承担责任后，可以要求该法定代表人进行赔偿。其次，法定代表人违反对公司的忠实和勤勉义务，如法定代表人利用职权单独或者与第三人相勾结，损害本单位法人利益，侵害法人财产的，该法定代表人向本单位法人承担相应的民事侵权赔偿责任。

第二，法定代表人可能面临的刑事法律风险。刑事法律风险是所有风险中后果最严重、处罚最严厉的。在近几年发生的多起经济刑事案件中，许多公司法定代表人就是因为缺乏相关法律知识，对风险的认识和重视程度不够而被卷入各种诉讼甚至身陷囹圄。法定代表人需承担的刑事责任主要源于“单位犯罪”。根据我国《刑法》的规定，对于单位犯罪，要对单位进行处罚，还可能要追究“直接负责的主管人员和其他直接责任人员”的刑事责任。我国法律对“直接负责的主管人员”没有明确规定，实践中通常将法定代表人作为“直接负责的主管人员”。因此，当公司因犯罪需要负责人承担刑事责任时，通常由法定代表人承担。

常见的法定代表人可能要承担刑事责任的单位犯罪包括

以下几类：

①生产、销售伪劣商品类犯罪。这类犯罪包括生产、销售假药、劣药、食品、农药、化妆品等。在该类犯罪中，将追究直接负责的主管人员和其他直接责任人员的刑事责任。

②走私类犯罪。这类犯罪包括走私普通货物、物品、文物、珍贵动物、珍贵动物制品、淫秽物品、废物等。

③商业贿赂类犯罪。这类犯罪包括非国家工作人员受贿罪、对非国家工作人员行贿罪等。

④非法吸收公众存款罪、集资诈骗罪。这类犯罪在经济发达地区发生率较高。

第三，法定代表人可能面临的其他法律风险。这些法律风险包括：当公司有未了结的民事诉讼或不履行法律文书确定的义务时，根据《中华人民共和国民事诉讼法》（以下简称《民事诉讼法》）的规定，法定代表人可能被处以罚款、拘留；当公司作为被执行人时，法定代表人还可能被法院采取限制消费、限制出境等强制措施；当公司进入破产程序后，法定代表人未经人民法院许可，不得离开住所地，并配合法院主导下的破产工作；如果公司未缴清税款、滞纳金，又不提供担保的，法定代表人还可能会被限制出境。

正是由于法定代表人承担较大的法律风险，加之有些大型企业集团内部结构复杂，老板难以兼顾，不可能事事亲力亲为，因此，很多民营企业的老板并不担任法定代表人。此外，还有一些老板由于某些特殊的原因，不愿意暴露自己作为实际控制人的身份，只愿意做幕后老板，因而不担任法定代表人，甚至也不在公司担任任何职务，但这并不改变其对公司的实际控制。

（3）法定代表人的越权行为有效吗

法定代表人对外代表公司法人，无须特别授权委托就可以直接从事对公司产生重大影响的法律行为，但《公司法》及公司章程对法定代表人的权限也进行了一些限制，法定代表人超越其法定权限行使权力的行为就是越权行为。例如，公司章程规定，公司对外提供担保必须由公司股东会作出决议，那么，如果公司法定代表人在未取得股东会决议的情况下私自向第三方提供担保的行为就是越权行为，此时，该担保行为是否有效？根据《民法典》第 504 条的规定，法人的法定代表人或者非法人组织的负责人超越权限订立的合同，除相对人知道或者应当知道其超越权限外，该代表行为有效，订立的合同对法人或者非法人组织发生效力。由此可见，法定代表人的越权行为是否有效首先应考虑交易相对人是否为善意，相对人为善意时，该合同有效。相对人知道或应当知道法定代表人的行为属于越权行为，仍然与公司进行交易的，该交易行为只有取得公司的认可才有效，若公司不认可，则该交易行为无效。为了防止法定代表人滥用权利，可以在公司章程中明确规定法定代表人的权限范围，同时，公司也可以通过股东会或董事会决议对法定代表人的行为进行约束。

(4) 当“挂名”法定代表人有什么风险

我国企业登记中对法定代表人只做形式审查，不做实质审查，这也在一定程度上导致实践中“挂名”法定代表人的出现，其在中小企业设立过程中或融资担保、P2P 等高风险行业中较常见。通常，“挂名”法定代表人不实际履行任何公司职务，也不参与公司的经营运行，有些“挂名”法定代表人还与公司、公司实际控制人或公司股东签订了书面免责协议，因此，很多人认为“挂名”法定代表人仅是挂个名，担任法定代表人没有任何风险。事实上，公司法定代表人作为公司的代表，对公司的法律风险责无旁贷地承担责任，即使签订了此类免责协议，但该协议无法对抗公司外部的善意第三人。也就是说，当需要追究法定代表人责任的时候，其以未参与公司业务、不知情等为由进行推脱是无法得到支持的，“挂名”法定代表人与实际公司法定代表人承担同样的法律责任。由此可见，法定代表人责任重、风险高，若与公司无投资利益关系，也不实际参与公司的经营管理决策的，建议最好不要“挂名”担任公司法定代表人，以免得不偿失。

(5) 如何降低法定代表人的法律风险

在公司治理中，需要在法律法规设定的制度框架内，结合公司具体实际来构建法定代表人的法律风险防范机制，这样既能有效降低法定代表人的法律风险，又能避免故意违反法律法规、恶意损害公司利益的法定代表人逃脱法律的制裁。

首先，应在股东协议、合伙协议、公司章程中增加相关的免责条款。例如，在公司章程中约定，公司董事等高级管理人员作出的商事决策，如果有合理的信息依据，且出于善意并尽到了注意义务，则即使该项决策是错误的，该高级管理人员亦可不承担责任。其次，明确实行集体决策的具体事宜及程序，对于违反法律、行政法规或者公司章程的行为，应提出明确异议并记载于相关会议记录。对于涉及公司的重大经营活动应实行集体决策，即通过股东会（股东大会）或董事会表决，只要该决议不违反法律、行政法规或者公司章程，应视为公司的决策，法定代表人对此不承担责任。最后，在开会表决时，如法定代表人反对的，应明确记载于相应的会议记录中，避免日后可能产生的法律风险。总之，公司法定代表人要规避法律风险，关键是要依照法律以及公司章程的规定行事，尽职尽责地维护公司的利益。

4. 董事、监事或高级管理人员对公司有哪些法定义务和责任

公司的董事、监事及高级管理人员（以下简称董监高人员）都是公司的管理者，根据《公司法》的规定，公司的董监高人员应当遵守法律、行政法规及公司章程的规定，对公司负有忠实义务和勤勉义务。此外，上市公司的董监高人员还要履行特别的义务，当其违反法定义务时应承担相应的法律责任。

（1）董监高人员的任职资格有哪些要求

《公司法》第146条规定："有下列情形之一的，不得担任公司的董事、监事、高级管理人员：（一）无民事行为能力或者限制民事行为能力；（二）因贪污、贿赂、侵占财产、挪用财产或者破坏社会主义市场经济秩序，被判处刑罚，执行期满未逾五年，或者因犯罪被剥夺政治权利，执行期满未逾五年；（三）担任破产清算的公司、企业的董事或者厂长、经理，对该公司、企业的破产负有个人责任的，自该公司、企业破产清算完结之日起未逾三年；（四）担任因违法被吊销营业执照、责令关闭的公司、企业的法定代表人，并负有个人责任的，自该公司、企业被吊销营业执照之日起未逾三年；（五）个人所负数额较大的债务到期未清偿。公司违反前款规定选举、委派董事、监事或者聘任高级管理人员的，该选举、委派或者聘任无效。董事、监事、高级管理人员在任职期间出现本条第一款所列情形的，公司应当解除其职务。"

（2）董监高人员违反忠实义务应承担哪些法律责任

忠实义务是指董监高人员必须以公司的利益为其最高目标和全部期望，不得在履行职责时掺杂个人私利或为第三人谋取利益，不得使个人的利益和公司的利益发生冲突的操守标准或要求。董监高人员应当遵守法律、行政法规和公司章程，对公司负有忠实义务和勤勉义务。董监高人员不得利用职权收受贿赂或者其他非法收入，不得侵占公司的财产，不得有下列行为：①挪用公司资金；②将公司资金以其个人名义或者以其他个人名义开立账户存储；③违反公司章程的规定，未经股东会、股东大会或者董事会同意，将公司资金借贷给他人或者以公司财产为他人提供担保；④违反公司章程的规定或者未经股东会、股东大会同意，与本公司订立合同或者进行交易；⑤未经股东会或者股东大会同意，利用职务便利为自己或者他人谋取属于公司的商业机会，自营或者为他人经营与所任职公司同类的业务；⑥接受他人与公司交易的佣金归为己有；⑦擅自披露公司秘密；⑧违反对公司忠实义务的其他行为。

董监高人员因违反忠实义务所获得的收入应归公司所有，如果给公司造成损失的，应当予以赔偿。从保护善意第三人的角度出发，我国《公司法》并未明确规定所有违反忠诚义务而达成的交易都是无效的交易，但对于董监高人员所从事的违反规定的自我交易行为，公司可以主张该交易属于恶意串通损害公司利益的交易，该交易应当被认定为无效。除民事责任外，董监高人员还可能因违反忠实义务承担刑事责任，如可能因受贿行为构成“非国家工作人员受贿罪”，因关联交易构成“为亲友非法牟利罪”，上市公司董事、高管人员还可能构成“背信损害上市公司利益罪”等。

（3）董监高人员违反勤勉义务应承担哪些法律责任

勤勉义务是指董监高人员在处理公司事务时，应尽到如同一个谨慎的人处于同等地位与情形下对其所经营的事项所给予的注意一样的谨慎义务，即董事、高管在作为业务执行者和经营者处理公司事务时，应当怀有善意并从公司的最大利益出发来考虑问题。我国《公司法》未明确列举董监高人员违反勤勉义务的具体行为，司法实践中对董监高人员是否尽到勤勉义务一般是从其是否基于善意、是否尽到类似地位下普通谨慎人在类似的处境下应有的谨慎那样去履行职责及是否为了公司的最大利益等几个方面进行判断。董监高人员违反法律、行政法规或者公司章程规定的勤勉义务，给公司造成损失的，应当承担赔偿责任。但是，由于法律法规对公司高级管理人员承担勤勉义务的规定不明确，导致实践中对高管人员违反勤勉义务的追责比较困难。

(4) 上市公司董监高人员应履行哪些特别的义务

除忠实义务和勤勉义务外，根据《公司法》和《中华人民共和国证券法》（以下简称《证券法》）等相关法律法规的规定，上市公司董监高人员还应承担一些特别的义务，具体包括：

①根据《证券法》第 82 条第 3 款的规定，发行人的董监高人员应当保证发行人及时、公平地披露信息，所披露的信息真实、准确、完整。

②根据《公司法》第 141 条第 2 款的规定，董监高人员应当向公司申报所持有的本公司的股份及其变动情况，在任职期间每年转让的股份不得超过其所持有本公司股份总数的

25%；所持本公司股份自公司股票上市交易之日起一年内不得转让。上述人员离职后半年内，不得转让其所持有的本公司股份。公司章程可以对董监高人员转让其所持有的本公司股份作出其他限制性规定。另外，根据《证券法》第 44 条第 1 款的规定，上市公司持有 5% 以上股份的股东、董监高人员，将其持有的该公司的股票或者其他具有股权性质的证券在买入后 6 个月内卖出，或者在卖出后 6 个月内又买入，由此所得收益归该公司所有，公司董事会应当收回其所得收益。

③根据《证券法》的规定，董监高人员作为上市公司的管理层及内幕信息的知情人，有禁止内幕交易、禁止操纵市场等义务。

5. 股权转让后未进行变更登记，转让行为是否有效

在实践中，有的股东在转让出资后，未要求或提示公司对股东名册进行变更登记，导致实际股东与市场主体登记中记载的股东不一致。根据《公司法》第 32 条第 3 款的规定，公司应当将股东的姓名或者名称向公司登记机关登记；登记事项发生变更的，应当办理变更登记。未经登记或者变更登记的，不得对抗第三人。根据该款规定可知，办理变更登记不是转让行为生效的必要条件，而是使股权转让合同产生对抗第三人的法律效力。

应当特别注意的是，尽管变更登记不影响转让行为的效

力，但由于未进行变更登记不能对抗第三人，实践中因未进行变更登记产生了很多争议。例如，在未办理登记的情况下可能存在“一股二卖”的情形，作为同一转让标的权利人的第三人若主张权利，而原转让关系不能对抗善意第三人时，原股权受让人的权利就可能受到侵害。同时，在股权受让人被记载于公司股东名册、办理变更市场主体登记之前，股东在身份认定上始终存在瑕疵，对外难以用股东身份办理某些业务，因此，当公司的股权转让后，公司应当按照法律规定及时办理变更登记手续。

法条速递

《中华人民共和国合伙企业法》第三十三条　合伙企业的利润分配、亏损分担，按照合伙协议的约定办理；合伙协议未约定或者约定不明确的，由合伙人协商决定；协商不成的，由合伙人按照实缴出资比例分配、分担；无法确定出资比例的，由合伙人平均分配、分担。

合伙协议不得约定将全部利润分配给部分合伙人或者由部分合伙人承担全部亏损。

《中华人民共和国公司法》第一百四十六条　有下列情形之一的，不得担任公司的董事、监事、高级管理人员：

（一）无民事行为能力或者限制民事行为能力；

（二）因贪污、贿赂、侵占财产、挪用财产或者破坏社会主义市场经济秩序，被判处刑罚，执行期满未逾五年，或者因犯罪被剥夺政治权利，执行期满未逾五年；

（三）担任破产清算的公司、企业的董事或者厂长、经理，对该公司、企业的破产负有个人责任的，自该公司、企业破产清算完结之日起未逾三年；

（四）担任因违法被吊销营业执照、责令关闭的公司、企业的法定代表人，并负有个人责任的，自该公司、企业被吊销营业执照之日起未逾三年；

（五）个人所负数额较大的债务到期未清偿。

公司违反前款规定选举、委派董事、监事或者聘任高级管理人员的，该选举、委派或者聘任无效。

董事、监事、高级管理人员在任职期间出现本条第一款所列情形的，公司应当解除其职务。

《中华人民共和国市场主体登记管理条例》第十二条 有下列情形之一的，不得担任公司、非公司企业法人的法定代表人：

（一）无民事行为能力或者限制民事行为能力；

（二）因贪污、贿赂、侵占财产、挪用财产或者破坏社会主义市场经济秩序被判处刑罚，执行期满未逾5年，或者因犯罪被剥夺政治权利，执行期满未逾5年；

（三）担任破产清算的公司、非公司企业法人的法定代表人、董事或者厂长、经理，对破产负有个人责任的，自破产清算完结之日起未逾3年；

（四）担任因违法被吊销营业执照、责令关闭的公司、非公司企业法人的法定代表人，并负有个人责任的，自被吊销营业执照之日起未逾3年；

（五）个人所负数额较大的债务到期未清偿；

（六）法律、行政法规规定的其他情形。

《中华人民共和国证券法》第八十二条 发行人的董事、高级管理人员应当对证券发行文件和定期报告签署书面确认意见。

发行人的监事会应当对董事会编制的证券发行文件和定期报告进行审核并提出书面审核意见。监事应当签署书面确认意见。

发行人的董事、监事和高级管理人员应当保证发行人及时、公平地披露信息，所披露的信息真实、准确、完整。

董事、监事和高级管理人员无法保证证券发行文件和定期报告内容的真实性、准确性、完整性或者有异议的，应当在书面确认意见中发表意见并陈述理由，发行人应当披露。发行人不予披露的，董事、监事和高级管理人员可以直接申请披露。

第三章

公司的股东有哪些权责

一、创立公司时如何分配合伙人的股权

截至2018年年底，我国中小企业的数量已经超过了3000万家，这些企业对我国的税收、技术创新成果及就业等作出了突出的贡献，是国民经济和社会发展的生力军，是建设现代化经济体系、推动经济实现高质量发展的重要基础。然而，数量庞大的中小企业存活率却非常低，据统计，近一半的中小企业存活期不超过3年，能超过5年的不到7%。造成这一现象的原因是多方面的，但股权结构设计不合理是造成中小企业难以继续经营的一个重要原因。实践中，股东意见冲突导致创业失败的案例屡见不鲜，其很大程度上是由企业创设时的股权架构设计和股权分配不合理而导致的。股权架构设计和股权分配事关公司利益格局和利益分配，既是公司内部治理的基础，也是合伙人核心的利益之一。如果在创业之初没有做好公司治理的制度安排和机制设计，后期进行股权变动不仅牵一发而动全身，还极有可能陷入内斗散伙倒闭的境地，或者留下诸多不知何时爆发而且可能致命的后遗症。因此，最好在企业设立之初就做好股权设计，避免日后可能产生的各种风险。

1. 公司合伙人之间一定要按照出资比例占股吗

很多公司对股权的设计是依据股东出资多少来决定的，

即把出资作为决定股权分配数量的依据：出钱多，占股就多；出钱少，占股就少。创业之初，由于难以评估各合伙人对企业的贡献，因此，合伙人的出资就成为评估其对团队贡献的核心指标。这种股权设计模式最大的问题就是，可能导致有钱但缺乏创业能力与创业心态的合伙人成为公司大股东，有创业能力与创业心态但资金不足的合伙人成小股东，这在日后可能引发合伙人之间的矛盾。例如，小明与大明共同投资开设了一家火锅店，企业形式为有限责任公司。该公司注册资本为100万元，小明出资30万元，占股30%，大明出资70万元，占股70%，由于大明另有其他工作，平时不参与火锅店的经营，日常经营由小明负责。为了经营好火锅店，小明凡事亲力亲为，并提出了很多新的经营理念，深受年轻消费者的喜爱。但随着火锅店的生意越做越大，小明和大明的分歧也越来越大。小明认为，火锅店的工作完全由自己负责，但店里的大事必须征得大明的批准才可以进行，而且自己干的活这么多却只能拿很少一部分酬劳，大明什么也不干却比自己赚得多。随着两人的矛盾进一步加剧，火锅店最终关门。

为避免类似问题的发生，股权设计时应慎重将出资作为决定股权分配数量的唯一依据，即分配股权时，除考虑出资因素外，还应考虑各合伙人对企业的贡献度，将股权区分资金股和人力股，资金股占小份，人力股占大份，综合考量合伙人已经作出的和将来可能作出的贡献，把人的因素作为股权分配中最大的变量。因此，合伙人的出资、执业技能与经验、对创业项目未来的参与度和贡献度、承担的创业风险、各种社会资源等都可以作为分配股权的依据。在创业初期，由于难以考量合伙人的贡献，如果将股权全部分配完毕，项目运行过程中才发现有些合伙人并不适宜经营，再想调整股权就非常困难了。因此，不建议创业初期就把股权分足，而应给未来股权调整预留空间，将预留的股权放在股权池里，约定以后在项目开展的不同阶段，各合伙人根据其对企业的贡献再对股权进行相应调整。

2. 如何设计合理的股权架构

企业的股权设计是合伙人利益和价值的重要体现，合理的股权架构既能确保企业高效地作出决策，又能充分调动大股东和小股东的积极性，方便公司以后的融资，提高创业的成功率，有利于企业的长远发展。初创企业的合伙人不应仅依靠情谊去追求共同利益，而要用共同利益来维系情谊。

公司的股权结构是否合理没有确定的评判标准，适合公司的实际情况就是最合理的股权结构。创业者在进行股权设计时应明确比例数字背后的治理规范，尽可能在创业初期就形成一个相对合理的股权架构，避免未来调整的风险。

一般来说，合理的股权结构应有明显的股权架构梯次。首先，应保证对大股东的股权设计，创业团队的决策可以民主协商，但意见有分歧时应当集中决策，一锤定音。没有清晰明确的大股东，公司的股权就难以分配，很多公司的股权战争就是由大股东不清晰导致的。其次，大股东与小股东应有一定的持股比例差，确保公司既有一个能作出决策的大股东，又有能对公司起到辅助作用的小股东。当然，如果公司各股东投入的资源基本差不多，或者发挥的重要性也都差不多，各股东的持股比例相差不大也能达到股东合作的平衡。对于初创企业来说，一般需要有持股一半以上的大股东，才能确保公司的基本运作在大股东的把控之下。此外，如前文所述，初创企业在股权设计时最好能为以后的股权调整预留空间，留存一部分股权放入股权激励池，在新股东进来之后或再分配给他，也可以在以后企业的不同发展阶段中，由合伙人约定，根据合伙人的不同贡献在预留的股权中进行股权调整。实践中，合伙人间没有约定退出机制也是日后引发股权战争的一个重要导火索。例如，有的合伙人早期因出资而持有公司20%的股权，后该合伙人因与其他合伙人不和而主动离职，但离职后，该合伙人却拒绝退股。由于公司章程没有对股权退出进行约定，股东之间也没有签署过任何关于股东退股的协议，因此，尽管其他合伙人坚持应回购该合伙人的股权，但对此却束手无策。所以，合伙人在设计股权结构时不仅应分配好股权，还应协商好股权的退出机制，避免日后矛盾的产生。在进行股权设计时应考虑以下因素：

首先，尽量避免平均股权的结构设计。平均股权结构最大的问题是无人控股，公司缺乏大股东，重要时刻无人拍板做决定，严重影响了公司决策的效率。例如，在著名的

“真功夫”股权纠纷中，公司两个初创股东的持股比例最初为5:5，尽管在一名投资者入股后持股比例变为4:4:2，但两名主要股东仍持有相同的股权和表决权。在主要股东之间出现矛盾后，任何一方都没有对公司的控制权。

其次，博弈型股权结构会增加沟通成本，也不利于公司的发展，尤其是在公司发展的前期。二人合伙的公司如果设计65%:35%的博弈型股权结构，尽管大股东对一般事项具有决策权，但根据《公司法》第43条第2款的规定，股东会会议作出修改公司章程、增加或者减少注册资本的决议，以及公司合并、分立、解散或者变更公司形式的决议，必须经代表2/3以上表决权的股东通过。由于大股东持有的65%的股份少于2/3，因此这些重要事项都必须经小股东同意方可生效，这就意味着小股东对于重大事项具有一票否决权。三人合伙的公司如果设计40%:40%:20%或49%:47%:4%的博弈型股权结构，大股东也未能相对控股，且对股东会的表决事项都未超过50%，因此大股东决定任何事项都必须争取至少一方的同意。如果大股东与二股东存在经营思路分歧，此时，小股东反而会成为决策的关键，大股东和二股东都希望联合小股东来控制公司。四人合伙的公司如果设计35%:18%:18%:29%的博弈型股权结构，两个小股东稍加联合，就会成为新的大股东。

最后，大股东通吃型股权结构，即大股东占有几乎所有的股权份额，其余股东仅占极少数股权，如97%:3%。在该种股权结构下，由于合伙人贡献与他的长期利益不匹配，导致合伙人不太稳定，容易另谋出路，或者合伙人心里不平衡，可能会从事成立关联公司并从公司合法输送利益等行为，损害公司的利益。

二、如何确认股东身份

行使股东权利的前提是具有股东身份，但在实践中，出于某些考量，实际出资人可能会借用他人名义设立公司，在公司章程、股东名册及市场主体登记信息中并不显现其名字，而是使用他人名称，该种情形也被称为隐名投资。此时，实际出资人被称为隐名股东，而未实际出资但被记载于公司章程、股东名册及市场主体登记信息中的人被称为显名股东。常见的隐名投资情形主要是为了规避法律的某些规定，如某些投资者会采用隐名投资的方式来规避法律禁止该类主体投资经营的规定，或者为了规避法律对有限责任公司股东人数限制的规定而采用隐名投资等。根据最高人民法院《关于适用〈中华人民共和国公司法〉若干问题的规定（三）》（以下简称《公司法司法解释三》）第24条第1款的规定，有限责任公司的实际出资人与名义出资人订立合同，约定由实际出资人出资并享有投资权益，以名义出资人为名义股东，实际出资人与名义股东对该合同效力发生争议的，如无法律规定的无效情形，人民法院应当认定该合同有效。由此可见，只要不存在合同无效的情形，隐名投资协议就是有效的，对隐名股东和显名股东均有拘束力，显名股东不能以公司股东名册记载、公司登记机关登记为由否认隐名股东的权利。司法实务中，因市场主体登记的股东与公司真实股东不一致而引发的股东资格确认纠纷较为常见，那么，在发生此类纠纷时，应如何确认隐名股东的股东身份呢？

1. 确认股东身份需要具备哪些实质要件

在股东资格确认纠纷中，要证明股东身份应具备以下要件：

第一，隐名股东与显名股东之间应具有明确的委托投资合同，且合同内容不得违反国家法律法规的强制性规定。隐名股东与显名股东之间的委托投资合同应明确约定双方的投资关系，如果未约定隐名股东为股东或者承担投资风险，并且隐名股东也没有以股东身份参与公司管理或者未实际享受股东权利的，双方之间的隐名投资关系将不会被认定，而是按照债权债务关系来处理。如果双方之间并未签署书面的委托投资合同，在股东身份认定纠纷中，出资人也可以凭借公司签发的股权证明书、出资证明书、记载自己为股东的股东名册、公司章程等证据材料证明自己的股东身份。

第二，隐名股东对公司履行了实际出资义务。

第三，有限责任公司中半数以上其他股东明知隐名股东的实际出资并确认。2019 年，最高人民法院印发的《全国法院民商事审判工作会议纪要》进一步明确，实际出资人能够提供证据证明有限责任公司过半数的其他股东知道其实际出资的事实，且对其实际行使股东权利未曾提出异议的，对实际出资人提出的登记为公司股东的请求，人民法院依法予以支持。因此，隐名合伙人未取得公司其他股东半数以上同意，而请求公司变更股东、签发出资证明书、记载于股东名册和公司章程并办理市场主体登记的，该请求将无法获得法院的支持。

2. 名义股东的行为是否具有法律效力

一般而言，名义股东仅是名义上的投资人，不实际参与公司的经营，公司的经营管理由实际出资人进行，但由于名义股东在市场主体登记信息中被记载为股东，对外具有股东身份，因此其有可能会实施处分公司财产的行为。根据《公司法司法解释三》第 25 条的规定，名义股东将登记于其名下的股权转让、质押或者以其他方式处分，实际出资人以其对于股权享有实际权利为由，请求认定处分股权行为无效的，人民法院可以参照《民法典》第 311 条的规定处理。名义股东处分股权造成实际出资人损失，实际出资人请求名义股东承担赔偿责任的，人民法院应予支持。《民法典》第 311 条是关于无处分权人处分其无处分权的不动产或动产的效力的规定，根据该条规定，无处分权人将不动产或者动产转让给受让人的，所有权人有权追回。若受让人受让该不动产或动产时是善意，且以合理的价格转让，转让的不动产或者动产依照法律规定应当登记的已经登记，不需要登记的已经交付给受让人，则受让人取得该不动产或者动产的所有权。若受让人不是善意的，或者转让价格不合理，或者转让的不动产或者动产尚未办理登记手续或尚未交付，则未经隐名股东追认，该转让无效。

如前文所述，隐名股东与名义股东之间属于内部法律关系，适用合同中意思自治的原则，只要代持股协议不违反《民法典》关于合同无效的情形，就被认定为有效。隐名股东与第三人之间属于外部法律关系，适用商法中公示主义原则，即被股东名册和市场监管部门登记在册的股东对外被视为公司的股东，从而维护公司形式上的稳定性。因此，如果隐名股东在设立公司的过程中，出资不实或者抽逃注册资本，在公司自有资产不足以清偿对外债务时，名义出资人可能面临着被公司债权人要求承担补充赔偿责任的风险。根据《公司法司法解释三》的规定，在面临债权人的求偿请求时，股东仅以其为名义股东而非实际出资人为抗辩理由的，人民法院不予支持。名义股东根据上述规定承担赔偿责任后，有权向实际出资人追偿。另外，如果该名义股东同时还担任公司法定代表人的，即使其没有实际参与公司的经营管理，但若公司在经营活动中存在违法犯罪活动的，法定代表人仍然要承担相应的法律责任。因此，担任名义股东具有较大的法律风险。

3. 实际出资人可能面临哪些法律风险

隐名持股具有隐蔽性，公司对外的资料中均不显示隐名股东的名字，因此，隐名股东在行使知情权、出席股东会议等股东权利时可能会受到限制。同时，如前文所述，名义股东完全有可能未征得作为实际出资人的隐名股东的同意，就擅自以股权转让、质押或其他形式处分股权。在该种情况下，尽管隐名股东可以通过诉讼请求法院确认该行为无效，但只要受让人对显名股东代持股不知情，且支付了合理的对价，该行为就符合善意取得的规定，该股权处分行为就有效。此外，在名义股东的债权人为善意第三人时，若债权不能实现，善意第三人可以向法院申请对该股权实施财产保全或强制执行等措施。因此，为降低可能产生的法律风险，隐名投资人在选择名义股东时，最好选择与自己关系密切的、可以信任的人，同时应与名义股东签署行之有效的代持股协议，以协议方式将双方的权利义务固定下来，并在协议中约定较高的违约赔偿，在发生纠纷时可以据此主张其股东身份，而且即使股东身份不被承认，也可依据该协议主张权益。同时，隐名股东也可以在公司章程中对名义股东的权利进行限制，如要求名义股东在几年内不得向除隐名股东之外的任何第三人转让股权等。

4. 实际出资人如何显名

实际出资人要显名可以通过股权转让的方式取得股权，但采用这种方式，名义股东可能会面临缴纳股权转让所得税的问题，而该税款最终是由隐名股东承担。此外，实际出资人还可以通过确权之诉来确认隐名股东的股东身份，在取得法院的判决后，持判决书等材料向企业登记部门申请办理变更登记手续。根据《公司法司法解释三》及《全国法院民商事审判工作会议纪要》的规定，在公司经营过程中，只要有半数以上的股东知晓实际出资人的存在，且未对实际出资人以股东身份履行职责（如参加股东会、分取利润等）提出过异议，就可以认为其已认可了该实际出资人的股东资格，这时赋予该实际出资人股东身份既不会破坏股东之间的信赖关系，也不会影响公司的经营。因此，隐名合伙人应经常参与公司的决策行为和管理行为，积极参加股东会议，定期列席股东会议，并以股东身份在股东决议等文件中预留签字。隐名股东针对公司的投资应留有书面记录，投资的资金从本人账户中周转，且最好让公司员工都认识到自己是公司真正的股东。

三、股东享有哪些权利

根据《公司法》的相关规定，股东享有的权利主要包括财产权、参与管理权和诉权三大类。在此基础上，公司章程可以进一步细化股东权利的享有和保护。

1. 股东的财产权有哪些

股东的财产权包括资产收益权、新股优先认购权、股权转让及优先购买权、剩余财产分配请求权。

第一，资产收益权。股东有权依照法律法规及公司章程的规定获取红利，分取公司终止后的剩余资产。有限责任公司除全体股东另有约定外，股东按照实缴的出资比例分取红利；股份有限公司除章程另有约定外，股东按照股权比例分取股息或红利。公司连续 5 年不向股东分配利润，而公司该 5 年连续盈利，并且符合《公司法》规定的分配利润条件，对股东会不分配利润的决议投反对票的股东可以请求公司按照合理的价格收购其股权。

第二，新股优先认购权。公司新增资本时，股东有权优先按照实缴的出资比例认缴出资。但是，全体股东约定不按照出资比例分取红利或者不按照出资比例优先认缴出资的除外。

第三，股权转让及优先购买权。公司的股权并非一成不变。①有限责任公司的股东之间可以相互转让其全部或者部分股权。股东向股东以外的人转让股权的，应当经其他股东过半数同意，并就股权转让事项书面通知其他股东征求同意，其他股东自接到书面通知之日起满30日未答复的，视为同意转让。其他股东半数以上不同意转让的，不同意的股东应当购买该转让的股权；不购买的，视为同意转让。经股东同意转让的股权，在同等条件下，其他股东有优先购买权。两个以上股东主张行使优先购买权的，协商确定各自的购买比例；协商不成的，按照转让时各自的出资比例行使优先购买权。法院强制执行程序转让的股权，其他股东在同等条件下也可优先购买。②股份有限公司的股东原则上可以通过转让股票自由地进行股份转让。记名股票由股东以背书方式或者法律、行政法规规定的其他方式转让；无记名股票的转让，由股东将该股票交付给受让人后即发生转让的效力。

第四，剩余财产分配请求权。公司财产在分别支付清算费用、职工的工资、社会保险费用和法定补偿金，缴纳所欠税款，清偿公司债务后的剩余财产，有限责任公司按照股东的出资比例分配，股份有限公司按照股东持有的股份比例分配。

2. 股东参与公司经营管理的权利有哪些

股东参与公司经营管理的权利包括：表决权，知情权，提议、召集、主持股东会、股东大会临时会议权，决议撤销权，异议股东股权回购请求权，选择、监督管理者权，公司解散申请权。

第一，表决权。股东参加股东会、股东大会时，在公司章程没有特别约定的情况下，享有按照出资比例，就股东会、股东大会的议案作出表决的权利。

第二，知情权。股东作为出资者，享有了解公司基本经营状况的权利，它是股东的一项固有权，公司不得通过章程约定剥夺该项权利。此外，股东还可以要求未制作和保管公司文件的董事、高管赔偿损失，以落实股东知情权。行使知情权的前提是具有股东资格，对于起诉时已不具有股东资格的，仅保护其在原持股期间的股东知情权。有限责任公司的股东有权查阅、复制公司章程、股东会会议记录、董事会会议决议、监事会会议决议和财务会计报告。股东可以要求查阅公司会计账簿。股东要求查阅公司会计账簿的，应当向公司提出书面请求，说明目的。公司有合理根据认为股东查阅会计账簿有不正当目的，可能损害公司合法利益的，可以拒绝提供查阅，并应当自股东提出书面请求之日起 15 日内书面答复股东并说明理由。“不正当目的”的范围包括股东为他人通报会计账簿信息、股东曾向他人通报有关信息等情形。公司拒绝提供查阅的，股东可以请求人民法院要求公司提供查阅。股份有限公司股东的知情权范围相对较小，股东有权查阅公司章程、股东名册、公司债券存根、股东大会会议记录、董事会会议决议、监事会会议决议、财务会计报告，对公司的经营提出建议或者质询，但无权查阅公司账簿。股东可以在会计师事务所、律师事务所等依法附有保密义务的中介机构的辅助下查阅公司相关文件。

第三，提议、召集、主持股东会、股东大会临时会议权。作为公司的权力机构，股东会应当依法或按照章程召开定期会议或临时会议，以保障股东参与重大决策的权利。

第四，决议撤销权。股东会或者股东大会、董事会的会议召集程序、表决方式违反法律、行政法规或者公司章程，或者决议内容违反公司章程的，股东可以自决议作出之日起60日内，请求人民法院撤销，但会议召集程序或者表决方式仅有轻微瑕疵，且对决议未产生实质影响的，人民法院对股东的撤销权诉讼将不予支持。被撤销后的决议自始没有法律约束力。实践中，由于实行资本多数决，股东会、股东大会、董事会往往被大股东所把持，并利用这一优势地位作出对其有利的决议，而小股东难以通过表决的方式对抗大股东，因此，这项权利主要是赋予小股东的。

第五，异议股东股权回购请求权。《公司法》第74条规定，有下列情形之一的，对股东会该项决议投反对票的股东可以请求公司按照合理的价格收购其股权：（1）公司连续5年不向股东分配利润，而公司该5年连续盈利，并且符合本法规定的分配利润条件的；（2）公司合并、分立、转让主要财产的；（3）公司章程规定的营业期限届满或者章程规定的其他解散事由出现，股东会会议通过决议修改章程使公司存续的。自股东会会议决议通过之日起60日内，股东与公司不能达成股权收购协议的，股东可以自股东会会议决议通过之日起90日内向人民法院提起诉讼。

第六，选择、监督管理者权。股东可以通过股东会、股东大会选举和更换非由职工代表担任的董事、监事，决定有关董事、监事的报酬事项；审议批准董事会的报告、监事会或者监事的报告。

第七，公司解散申请权。公司经营管理发生严重困难，继续存续会使股东利益受到重大损失，通过其他途径不能解决的，持有公司全部股东表决权10%以上的股东，可以请求人民法院解散公司。

3. 股东行使诉权的方式有哪些

股东的诉权是指当股东个人权利或公司的权利受到侵害时，股东享有请求法院进行保护的权利，包括为股东个人利益的直接诉权和为公司利益的代表诉权。股东的诉权是股东权利受到侵害后最有效的救济途径，它包括股东直接诉讼和股东代表诉讼。

股东直接诉讼是指当公司的董事、高级管理人员违反法律、行政法规或者公司章程的规定，损害股东利益的，股东可以向人民法院提起诉讼。

股东代表诉讼是指当公司的董事、高级管理人员执行公司职务时违反法律、行政法规或者公司章程的规定，给公司造成损失时，有限责任公司的股东、股份有限公司连续180日以上单独或者合计持有公司1%以上股份的股东，在出现以下任一情况时，为了公司利益，可以自己的名义代表公司向人民法院提起诉讼：（1）监事会、不设监事会的有限责任公司的监事，或者董事会、执行董事收到前款规定的股东书面请求后拒绝提起诉讼；（2）自收到请求之日起30日内未提起诉讼；（3）情况紧急、不立即提起诉讼将会使公司利益受到难以弥补的损害的。公司往往被董事、监事和高级管理人员操控，在某些情况下，当这些人员侵害公司权益时，由于没有代表公司提起诉讼的人，部分股东会因公司利益受到损害导致自身权益受损，因此《公司法》赋予股东通过代表诉讼的方式进行维权。

股东直接诉讼与股东代表诉讼区别显著，具体见表3-1。

表3-1　股东直接诉讼与股东代表诉讼的区别

	股东直接诉讼	股东代表诉讼
原告资格	认为权利受到侵害的股东	①有限责任公司的任一股东； ②股份有限公司连续180日以上单独或者合计持有公司1%以上股份的股东
发起的条件	董事、高级管理人员违反法律、行政法规或者公司章程的规定，股东利益受到损害	董事、高级管理人员违反法律、行政法规或者公司章程的规定，公司利益受到损害，股东用尽内部救济手段，公司仍怠于提起诉讼
诉讼后果的承受	提起诉讼的股东	胜诉利益归属于公司，公司应当承担股东因参加诉讼支付的合理费用

四、股东应履行哪些义务

作为公司的股东，在公司创立及经营过程中应当履行的义务包括出资义务及不得滥用股东权利的义务，股东违反这些义务可能承担民事法律责任，还有可能受到行政处罚。

1. 什么是股东的出资义务

股东应当按期足额缴纳公司章程中规定的各自所认缴的出资额，这是股东的首要义务。股东对公司出资的财产分为两大类：货币财产和非货币财产。以货币形式出资的财务手续最为方便，无须评估作价，直接将出资货币按照约定的时间存入公司在银行开设的账户即可。但作为出资的货币资金来源要合法，以贪污、受贿、侵占、挪用等违法犯罪所得的货币出资后取得股权的，对违法犯罪行为予以追究、处罚时，应当采取拍卖或者变卖的方式处置其股权，这将导致公司注册资本减少。以货币出资应尽可能经由自己账户划出或者以现金交割，如由他人代为缴纳出资的，应在汇款单据中注明“××股东的出资款”或要求公司出具相关收据。实物、知识产权、土地使用权、股权、债权等可以用货币估价并可以依法转让的财产，可以作为非货币财产对公司进行出资。对作为出资的非货币财产应当评估作价，核实财产，不得高估或者低估作价。

出资人以房屋、土地使用权或者需要办理权属登记的知识产权等财产出资，应当办理权属变更手续并交付公司使用。股东未按照公司章程规定缴纳出资的，应当向公司足额缴纳出资，且应当向已按期缴纳出资的股东承担违约责任，甚至在特殊情况下可能还要承担刑事责任。

当股东已经向公司缴纳出资并经验资完成后，就不得再以各种名义或手段将出资从公司撤回，却仍保留股东身份及原有出资数额，这种抽逃出资的行为是一种欺诈性违法行为，它既侵害了公司的利益，也损害了公司以外第三人的权益。根据《公司法司法解释三》第12条的规定，公司成立后，公司、股东或者公司债权人以相关股东的行为符合下列情形之一且损害公司权益为由，请求认定该股东抽逃出资的，人民法院应予支持：（1）制作虚假财务会计报表虚增利润进行分配；（2）通过虚构债权债务关系将其出资转出；（3）利用关联交易将出资转出；（4）其他未经法定程序将出资抽回的行为。

2. 什么是不得滥用股东权利的义务

公司股东应当遵守法律、行政法规和公司章程的规定，依法行使股东权利，不得滥用股东权利损害公司或者其他股东的利益；不得滥用公司法人独立地位和股东有限责任损害公司债权人的利益。公司股东滥用股东权利给公司或其他股东造成损失的，应当依法承担赔偿责任。公司股东滥用法人独立地位和股东有限责任，逃避债务，严重损害公司债权人利益的，应当对公司债务承担连带责任。公司的控股股东、实际控制人、董事、监事以及高级管理人员不得利用其关联关系损害公司利益，给公司造成损失的，应当承担赔偿责任。

在我国现有公司制度下，公司具有独立的法人地位，股东以其认缴的出资为限承担有限责任，但当股东滥用公司法人独立地位和股东有限责任，逃避债务，严重损害债权人利益时，债权人可以越过公司的法人资格，直接请求滥用公司人格的股东对公司债务承担连带责任。《公司法》第 20 条规定了公司的人格否认制度，当公司股东滥用公司法人独立地位和股东有限责任，逃避债务，严重损害公司债权人利益时，公司的独立人格将被否认，此时股东应当对公司债务承担连带责任。实践中，一人有限公司的股东与公司间被认定为人格混同的比例比较高，这主要是一人有限公司缺乏监督机制，股东难以证明自己的财产独立于公司财产，因而需要对公司债务承担连带责任。

法条速递

最高人民法院《关于适用〈中华人民共和国公司法〉若干问题的规定（三）》第二十四条 有限责任公司的实际出资人与名义出资人订立合同，约定由实际出资人出资并享有投资权益，以名义出资人为名义股东，实际出资人与名义股东对该合同效力发生争议的，如无法律规定的无效情形，人民法院应当认定该合同有效。

前款规定的实际出资人与名义股东因投资权益的归属发生争议，实际出资人以其实际履行了出资义务为由向名义股东主张权利的，人民法院应予支持。名义股东以公司股东名册记载、公司登记机关登记为由否认实际出资人权利的，人民法院不予支持。

实际出资人未经公司其他股东半数以上同意，请求公司变更股东、签发出资证明书、记载于股东名册、记载于公司章程并办理公司登记机关登记的，人民法院不予支持。

《全国法院民商事审判工作会议纪要》 28.【实际出资人显名的条件】实际出资人能够提供证据证明有限责任公司过半数的其他股东知道其实际出资的事实，且对其实际行使股东权利未曾提出异议的，对实际出资人提出的登记为公司股东的请求，人民法院依法予以支持。公司以实际出资人的请求不符合公司法司法解释（三）第24条的规定为由抗辩的，人民法院不予支持。

《中华人民共和国民法典》第三百一十一条 无处分权人将不动产或者动产转让给受让人的，所有权人有权追回；除法律另有规定外，符合下列情形的，受让人取得该不动产或者动产的所有权：

（一）受让人受让该不动产或者动产时是善意；

（二）以合理的价格转让；

（三）转让的不动产或者动产依照法律规定应当登记的已经登记，不需要登记的已经交付给受让人。

受让人依据前款规定取得不动产或者动产的所有权的，原所有权人有权向无处分权人请求损害赔偿。

当事人善意取得其他物权的，参照适用前两款规定。

《中华人民共和国公司法》第二十条 公司股东应当遵守法律、行政法规和公司章程，依法行使股东权利，不得滥用股东权利损害公司或者其他股东的利益；不得滥用公司法人独立地位和股东有限责任损害公司债权人的利益。

公司股东滥用股东权利给公司或者其他股东造成损失的，应当依法承担赔偿责任。

公司股东滥用公司法人独立地位和股东有限责任，逃避债务，严重损害公司债权人利益的，应当对公司债务承担连带责任。

第三十三条　股东有权查阅、复制公司章程、股东会会议记录、董事会会议决议、监事会会议决议和财务会计报告。

股东可以要求查阅公司会计账簿。股东要求查阅公司会计账簿的，应当向公司提出书面请求，说明目的。公司有合理根据认为股东查阅会计账簿有不正当目的，可能损害公司合法利益的，可以拒绝提供查阅，并应当自股东提出书面请求之日起十五日内书面答复股东并说明理由。公司拒绝提供查阅的，股东可以请求人民法院要求公司提供查阅。

最高人民法院《关于适用〈中华人民共和国公司法〉若干问题的规定（四）》第八条　有限责任公司有证据证明股东存在下列情形之一的，人民法院应当认定股东有公司法第三十三条第二款规定的“不正当目的”：

（一）股东自营或者为他人经营与公司主营业务有实质性竞争关系业务的，但公司章程另有规定或者全体股东另有约定的除外；

（二）股东为了向他人通报有关信息查阅公司会计账簿，可能损害公司合法利益的；

（三）股东在向公司提出查阅请求之日前的三年内，曾通过查阅公司会计账簿，向他人通报有关信息损害公司合法利益的；

（四）股东有不正当目的的其他情形。

第四章

企业如何做一名合格的纳税人

一、企业应掌握哪些税法基本常识

税收是国家为了满足社会公共需要以及维持统治阶级的职能，凭借其政治权力，依法参与社会财产再分配的一种形式。企业从创立之初到结束之前都离不开国家的税收管理，依法纳税是企业必须承担的法定义务。企业税务管理既包括企业应遵守国家关于税收征管的相关法律法规，也包括企业在遵守税收法律法规、不损害国家利益的前提下，充分利用税收法规所提供的一切优惠政策，合法避税，降低经营成本。

1. 与企业有关的税种有哪些

我国目前现行有效的税种有 18 个，分别是：增值税、消费税、企业所得税、个人所得税、资源税、城市维护建设税、房产税、印花税、城镇土地使用税、土地增值税、关税、契税、环境保护税、车船税、船舶吨税、车辆购置税、烟叶税、耕地占用税。一般情况下，大部分企业都会涉及的税种有：增值税、城市维护建设税、个人所得税、企业所得税和印花税，其他税种则因企业所处的行业不同而有所不同，如房产税、城镇土地使用税、资源税、土地增值税、车船税、烟叶税、契税、耕地占用税、环境保护税等税种，只有当企业占有这类财产或发生这类行为时才会涉及，如关税只有涉及进口的行业需缴纳，船舶吨税也仅由我国境外港口进入境内港口的船舶缴纳。

为了使创业者能够清晰了解企业在经营过程中涉及的各种税种，我们制作了表4－1，方便创业者快速掌握各类税种。

表4－1　企业经营涉及的各税种

税目	定义	征税范围
1. 增值税	以商品或应税劳务在流转过程中的增值额作为计税依据而征收的一种流转税	对商品或服务在流转过程中增值的部分进行征税
2. 消费税	在增值税基础上，为了调节产品结构、引导消费方向，保证国家财政收入，而对应税消费品征收的一种税	烟、酒、高档化妆品、贵重首饰及珠宝玉石、高尔夫球及球具、高档手表、游艇、鞭炮焰火、成品油、小汽车、木质一次性筷子、实木地板、电池、涂料等
3. 企业所得税	对我国境内的企业和其他取得收入组织的生产经营所得和其他所得征收的一种税	（1）居民企业：应当就其来源于中国境内、境外的所得缴纳企业所得税。 （2）非居民企业：在中国境内设立机构、场所的，应就其所设机构、场所取得的来源于中国境内的所得，以及发生在中国境外但与其所设机构、场所有实际联系的所得，缴纳企业所得税；在中国境内未设立机构、场所的，或者虽设立机构、场所但取得的所得与其所设机构、场所没有实际联系的所得，应当就其中国境内的所得，缴纳企业所得税

续表

税目	定义	征税范围
4. 个人所得税	对个人（自然人）取得的各项应税所得征收的一种税	下列各项个人所得，应当缴纳个人所得税：（1）工资、薪金所得；（2）劳务报酬所得；（3）稿酬所得；（4）特许权使用费所得；（5）经营所得；（6）利息、股息、红利所得；（7）财产租赁所得；（8）财产转让所得；（9）偶然所得
5. 资源税	对在我国境内开采应税矿产品和生产盐的单位和个人，就其应税资源税数量征收的一种税	原油、天然气、煤炭、其他非金属矿原矿、黑色金属矿原矿、有色金属矿原矿、盐等
6. 城市维护建设税	以纳税人实际缴纳的增值税、消费税税额为计税依据而征收的一种税	按照纳税人实际缴纳的增值税、消费税税额，实行差别比例税率
7. 房产税	以房屋为征税对象，按照房产的计税价值或房产租金收入，向房屋产权所有人征收的一种财产税	房产的计税价值或房产租金收入
8. 印花税	对在经济活动和经济交往中书立、领受具有法律效力的凭证的行为征收的一种税	购销合同、加工承揽合同、建设工程勘察设计合同、建筑安装工程承包合同、财产租赁合同、货物运输合同、仓储保管合同、借款合同、财产保险合同、技术合同、产权转移书据、营业账簿、权利许可证照等
9. 城镇土地使用税	国家在城市、县城、建制镇、工矿区范围内，对使用土地的单位和个人，以其实际占用的土地面积为计税依据，按照规定的税额计算征收的一种税	城市、县城、建制镇、工矿区范围内的国家所有和集体所有的土地

续表

税目	定义	征税范围
10. 土地增值税	对在我国境内转让国有土地使用权、地上建筑物及其附着物的单位和个人，以其转让房地产所取得的增值额为课税对象而征收的一种税	转让国有土地使用权，地上建筑物及其附着物连同国有土地使用权一并转让
11. 关税	一国海关根据该国法律规定，对通过其关境的进出口货物征收的一种税	进出我国国境的货物、物品
12. 契税	不动产（土地、房屋）产权发生转移变动时，就当事人所订契约按产价的一定比例向新业主（产权承受人）征收的一次性税收	在我国境内转移土地、房屋权属的行为
13. 环境保护税	在中华人民共和国领域和中华人民共和国管辖的其他海域，直接向环境排放应税污染物的企业事业单位和其他生产经营者征收的一种税	排放大气污染物、水污染物、固体废物和噪声的行为
14. 车船税	在我国境内的车辆、船舶的所有人或者管理人按照中华人民共和国车船税法应缴纳的一种税	我国境内的车辆、船舶
15. 船舶吨税	对境外港口进入境内港口的船舶，按船舶净吨位征收的税	境外港口进入境内港口的船舶的净吨位
16. 车辆购置税	对在境内购置规定车辆的单位和个人征收的一种税，由车辆购置附加费演变而来	在境内购置规定的车辆

续表

税目	定义	征税范围
17. 烟叶税	以纳税人收购烟叶的收购金额为计税依据而征收的一种税	烟叶的收购金额
18. 耕地占用税	对占用耕地建房或从事其他非农业建设的单位和个人征收的税	占用耕地建房或从事其他非农业建设的单位和个人

2. 什么是企业的税务登记

税务登记是指纳税人依据法律法规的要求，向税务主管部门申请登记并接受税务主管部门纳税监管的一种法律制度。税务登记包括设立登记、变更登记、注销登记等类型。设立登记是整个税收征收管理的首要环节，是税务机关对纳税人的基本情况及生产经营项目进行登记管理的一项基本制度。企业，企业在外地设立的分支机构和从事生产、经营的场所，个体工商户和从事生产、经营的事业单位，应当向生产、经营所在地税务机关申报办理税务登记。纳税人税务登记内容发生变化的，应当向原税务登记机关申报办理变更税务登记。实行定期定额征收方式的个体工商户需要停业的，应当在停业前向税务机关申报办理停业登记，但停业期限不得超过1年。纳税人发生解散、破产、撤销以及其他情形，依法终止纳税义务的，应当在向工商行政管理机关或者其他机关办理注销登记前，持有关证件和资料向原税务登记机关申报办理注销税务登记。

3. 企业常见的涉税违法行为有哪些

公司在经营过程中应当严格按照各项税收法律法规的规定依法纳税，如果不了解税收法律法规或心存侥幸而有下列违法行为，一旦被发现，将面临行政处罚或刑事处罚，后果严重，得不偿失。企业常见的涉税违法行为包括：

（1）偷税的行为。偷税是指纳税人伪造、变造、隐匿、擅自销毁账簿、记账凭证，或者在账簿上多列支出或者不列、少列收入，或者经税务机关通知申报而拒不申报或者进行虚假的纳税申报，不缴或者少缴应纳税款的行为。对纳税人偷税的，由税务机关追缴其不缴或者少缴的税款、滞纳金，并处不缴或者少缴的税款50%以上5倍以下的罚款；构成犯罪的，依法追究刑事责任。扣缴义务人采取前文所列手段，不缴或者少缴已扣、已收税款，由税务机关追缴其不缴或者少缴的税款、滞纳金，并处不缴或者少缴的税款50%以上5倍以下的罚款；构成犯罪的，依法追究刑事责任。

（2）不申报或者虚假申报的行为。纳税人不进行纳税申报，不缴或者少缴应纳税款的，由税务机关追缴其不缴或者少缴的税款、滞纳金，并处不缴或者少缴的税款50%以上5倍以下的罚款。纳税人、扣缴义务人编造虚假计税依据的，由税务机关责令限期改正，并处5万元以下的罚款。

（3）抗税的行为。以暴力、威胁方法拒不缴纳税款的，是抗税，除由税务机关追缴其拒缴的税款、滞纳金外，依法追究刑事责任。情节轻微，未构成犯罪的，由税务机关追缴其拒缴的税款、滞纳金，并处拒缴税款 1 倍以上 5 倍以下的罚款。

（4）逃避缴税的行为。纳税人欠缴应纳税款，采取转移或者隐匿财产的手段，妨碍税务机关追缴欠缴的税款的，由税务机关追缴欠缴的税款、滞纳金，并处欠缴税款 50% 以上 5 倍以下的罚款；构成犯罪的，依法追究刑事责任。

（5）骗取出口退税的行为。以假报出口或者其他欺骗手段，骗取国家出口退税款的，由税务机关追缴其骗取的退税款，并处骗取税款 1 倍以上 5 倍以下的罚款；构成犯罪的，依法追究刑事责任。对骗取国家出口退税款的，税务机关可以在规定期间内停止为其办理出口退税。

（6）扣缴义务人不扣缴的行为。扣缴义务人应扣未扣、应收而不收税款的，由税务机关向纳税人追缴税款，对扣缴义务人处应扣未扣、应收未收税款 50% 以上 3 倍以下的罚款。

4. 初创公司如何合理避税

首先应当明确，避税不等于偷税、逃税。合理避税是在尊重税法、依法纳税的前提下，纳税人通过对现有税法规定的不同税率、不同纳税方式进行灵活使用，避免因为税务知识的盲点，而导致企业多缴税或被税务局罚款，使企业能够守住合理利润，它与偷逃税款有着本质区别。纳税企业通过合法手段对经营活动和财务活动进行精心安排，满足税法规定的条件，从而减轻企业税收负担。

企业合理避税一般可以从几个方面着手：首先，合理提高员工福利，摊销企业利润。中小企业主在生产经营过程中，可以在不超过计税工资的范畴内适当提高员工工资。例如，为员工办理医疗保险，建立职工基金（如养老基金、失业保险基金、教育基金等），增加企业财产保险和运输保险等。这些费用不仅可以列入企业的成本，从而摊销企业利润，减少税负，还能调动员工的工作积极性。其次，了解各项税收政策，尤其是各项税收优惠政策和措施。例如，根据《中华人民共和国企业所得税法》（以下简称《企业所得税法》）等法律法规的规定，国家对需要重点扶持的高新技术企业，减按15%的税率征收企业所得税。如果企业是科技型中小企业，针对研发费用还能按175%进行企业所得税的税前扣除。又如，企业注册地址可以选择到经济特区、沿海经济开发区、经济技术开发区等有税收扶持的区域。最后，技术入股。如果创业者或公司员工拥有专利，且将其提供给公司使用的，公司可以将自己的技术专利作价纳入公司使用。这样技术专利就会成为公司的无形资产，会计人员可以采用合理摊销的方式，将其计入成本费用，从而减少利润，达到少缴税的目的。

二、企业如何缴纳增值税

增值税是指以商品或应税劳务在流转过程中的增值额作为计税依据而征收的一种流转税。增值税实行价外税，即由消费者负担，有增值才征税，没增值不征税。增值税是目前我国最主要的税种，其税收收入占全国税收总额的60%以上，全国绝大多数企业需缴纳增值税。

1. 如何计算增值税

增值税贯穿企业生产、流通或消费过程中的各个环节，计税依据是商品在生产或流通过程中的新增价值或附加值。但在实践中这个价值是很难准确计算出来的，因此，我国在计算增值税时，一般采用税款抵扣的办法，即销售商品或劳务的销售额按规定的税率计算出销项税额，然后扣除取得该商品或劳务时所支付的增值税款，即进项税额，其差额部分就是应交的增值税额，这种计算方法体现了按增值因素计税的原则。这也是计算增值税的一般计税方法。针对小规模纳税人则可适用简易计税方法，即直接以销售额乘以征收率计算应纳税额，不得抵扣进项税，也就是说，小规模纳税人不存在用免税、征税项目间的进项税额调节问题。

（1）增值税的一般计税方法：

应纳税额 = 当期销项税额 - 当期进项税额

其中：

销项税额 = 销售额 × 适用税率

进项税额 = 购进货物金额 × 适用税率

（2）增值税的简易计税方法：

应纳税额 = 不含税销售额 × 征收率

= 含税销售额 ÷（1 + 征收率）× 征收率

2. 增值税一般纳税人与小规模纳税人有什么区别

根据缴纳增值税企业的年销售额、财务健全程度的不同，我国将增值税的纳税人分为一般纳税人和小规模纳税人。一般纳税人是指年应征增值税销售额超过财政部规定的小规模纳税人标准的企业和企业性单位，其特点是增值税进项税额可以抵扣销项税额。成为一般纳税人企业应符合以下条件：有固定生产经营场所；能够按照国家统一的会计制度规定设置账簿；根据合法、有效凭证核算，能够提供准确税务资料。小规模纳税人是指年销售额在规定标准以下，并且会计核算不健全，不能按规定报送有关税务资料的增值税纳税人。

增值税一般纳税人与小规模纳税人的区别见表 4 - 2。

表 4-2　增值税一般纳税人与小规模纳税人的区别

	一般纳税人	小规模纳税人
认定标准	年应征增值税销售额 500 万元以上，该数额按连续 12 个月（或 4 个季度）的销售总额流动计算	年应征增值税销售额 500 万元及以下
适用税率与征收率	按照所处行业的不同税率分为：13%、9%、6%、0%	适用 3% 的税率征收（免税的除外）
使用的发票	既可以开具普通发票，也可以开具增值税专用发票，且其所取得的增值税专用发票可以用于抵扣	只能使用普通发票，如需开具增值税专用发票，则到税务局代开 3% 的增值税专用发票
纳税申报周期	每个月都需要进行增值税纳税申报	一般是按季度进行纳税申报
计税方法	一般计税方法	简易计税方法

公司刚成立，是选择小规模纳税人还是一般纳税人，需要根据自身实际需求来决定。一般来说，相较于一般纳税人而言，小规模纳税人在征免税管理、发票开具等方面，政策规定均相对宽松。但是，一般纳税人对于开发客户更有优势，因此，即使公司没有达到认定标准，但如果希望以后能够进一步发展做大，在招标时有优势，或者日后能与大型公司合作，也可以主动申请成为一般纳税人。

3. 企业如何申报增值税

增值税的纳税期限分别为 1 日、3 日、5 日、10 日、15 日、1 个月或者 1 个季度。纳税人的具体纳税期限，由主管税务机关根据纳税人应纳税额的大小分别核定；不能按照固定期限纳税的，可以按次纳税。纳税人以1个月或者1个季度为1个纳税期的，自期满之日起15日内申报纳税；以1日、3日、5日、10日或者15日为1个纳税期的，自期满之日起5日内预缴税款，于次月1日起15日内申报纳税并结清上月应纳税款。扣缴义务人解缴税款的期限，依照前述规定执行。纳税人办理纳税申报时，应当如实填写增值税申报表，并根据不同的情况报送相关证件、资料，包括企业财务会计报表及其说明材料；与纳税有关的合同、协议书及凭证；税控装置的电子报税资料；外出经营活动税收管理证明和异地完税凭证；境内或者境外公证机构出具的有关证明文件及税务机关规定应当报送的其他有关证件、资料。

三、企业如何缴纳企业所得税

企业所得税是对我国境内的企业和其他取得收入组织的生产经营所得和其他所得征收的一种税。在我国，企业所得税的纳税人包括各类企业、事业单位、社会团体、民办非企业单位和从事经营活动的其他组织，但个人独资企业、合伙企业不缴纳企业所得税。

1. 如何计算企业所得税

缴纳企业所得税的企业分为居民企业和非居民企业。居民企业是指依法在中国境内成立，或者依照外国（地区）法律成立但实际管理机构在中国境内的企业；非居民企业是指依照外国（地区）法律成立且实际管理机构不在中国境内，但在中国境内设立机构、场所的，或者在中国境内未设立机构、场所，但有来源于中国境内所得的企业。不同类型的企业应就不同的收入来源缴纳企业所得税。

企业所得税的计算：

所得税 ＝ 应纳税所得额 × 税率（25% 或 20%、15%）

应纳税所得额 ＝ 收入总额 － 不征税收入 － 免税收入 － 各项扣除 － 以前年度亏损

根据《企业所得税法》的规定，企业的收入总额包括：销售货物收入，提供劳务收入，转让财产收入，股息、红利等权益性投资收益，利息收入，租金收入，特许权使用费收入，接受捐赠收入及其他收入。企业获得的财政拨款、依法收取并纳入财政管理的行政事业性收费、政府性基金及国务院规定的其他不征税收入为不征税收入。在计算应纳税所得额时，向投资者支付的股息和红利等权益性投资收益款项、企业所得税税款、税收滞纳金、罚金和罚款及被没收财物的损失、赞助支出等支出不得扣除。

2. 企业如何申报企业所得税

企业所得税的征收方式包括查账征收和核定征收两种。查账征收就是根据企业的“账”来征收税费，这种征收方式适用于大部分企业；核定征收是由税务机关采取合理的方法核定企业的应纳税额，主要用于纳税人因会计制度不健全、资料残缺等无法准确确定企业的应纳税额的情形。企业所得税实行按月或季度预交，年终汇算清缴的管理办法。企业应当自月份或者季度终了之日起 15 日内，向税务机关报送预缴企业所得税纳税申报表，预缴税款。企业应当自年度终了之日起 5 个月内，向税务机关报送年度企业所得税纳税申报表，并汇算清缴，结清应缴应退税款。企业在年度中间终止经营活动的，应当自实际经营终止之日起60 日内，向税务机关办理当期企业所得税汇算清缴。

四、个体工商户、个人独资企业和合伙企业如何缴纳个人所得税

个人所得税是国家对本国公民、居住在本国境内的个人的所得和境外个人来源于本国的所得征收的一种所得税。《中华人民共和国个人所得税法》（以下简称《个人所得税法》）第 2 条第 1 款规定："下列各项个人所得，应当缴纳个人所得税：（一）工资、薪金所得；（二）劳务报酬所得；（三）稿酬所得；（四）特许权使用费所得；（五）经营所得；（六）利息、股息、红利所得；（七）财产租赁所得；（八）财产转让所得；（九）偶然所得。"个体工商户、个人独资企业及合伙企业的自然人投资者应就其所获得的经营所得缴纳个人所得税。

1. 如何计算个人所得税

根据《个人所得税法》的规定，个人所得税的计算公式为：

个人所得税 = 应纳税所得额 × 适用税率 − 速算扣除数

应纳税所得额的计算：

（1）居民个人综合所得的应纳税所得额 = 每一纳税年度的收入额 − 60000 元 − 专项扣除 − 专项附加扣除 − 依法确定的其他扣除。

（2）非居民个人工资、薪金所得的应纳税所得额 = 每月收入额 - 5000 元。

（3）经营所得的应纳税所得额 = 每一纳税年度的收入总额 - 成本 - 费用 - 损失。

（4）财产租赁所得（每次收入不超过 4000 元）的应纳税所得额 = 财产租赁所得 - 800 元。

（5）财产租赁所得（每次收入 4000 元以上）的应纳税所得额 = 财产租赁所得 - 财产租赁所得 ×20%。

（6）财产转让所得的应纳税所得额 = 转让财产的收入 - 财产原值 - 合理费用。

（7）利息、股息、红利所得和偶然所得，以每次收入额为应纳税所得额。

劳务报酬所得、稿酬所得、特许权使用费所得以收入减除 20% 的费用后的余额为收入额。稿酬所得的收入额减按 70% 计算。

个人将其所得对教育、扶贫、济困等公益慈善事业进行捐赠，捐赠额未超过纳税人申报的应纳税所得额 30% 的部分，可以从其应纳税所得额中扣除；国务院规定对公益慈善事业捐赠实行全额税前扣除的，从其规定。

个人所得税税率见表 4-3、表 4-4。

表 4-3　个人所得税税率表（综合所得适用）

级数	全年应纳税所得额	税率（%）	速算扣除数
1	不超过 36000 元的	3	0
2	超过 36000 元至 144000 元的部分	10	2520
3	超过 144000 元至 300000 元的部分	20	16920
4	超过 300000 元至 420000 元的部分	25	31920
5	超过 420000 元至 660000 元的部分	30	52920
6	超过 660000 元至 960000 元的部分	35	85920
7	超过 960000 元的部分	45	181920

表 4-4　个人所得税税率表（经营所得适用）

级数	全年应纳税所得额	税率（%）	速算扣除数
1	不超过 30000 元的	5	0
2	超过 30000 元至 90000 元的部分	10	1500
3	超过 90000 元至 300000 元的部分	20	10500
4	超过 300000 元至 500000 元的部分	30	40500
5	超过 500000 元的部分	35	65500

2. 如何计算个体工商户缴纳的个人所得税

实行查账征收的个体工商户应当按照《个体工商户个人所得税计税办法》的规定，计算并申报缴纳个人所得税。个体工商户以业主为个人所得税纳税义务人。

计算方法：

应纳税额 = 应纳税所得额 × 适用税率（5% ~35% 的超累进税率）- 速算扣除数

个体工商户的生产、经营所得，以每一纳税年度的收入总额，减除成本、费用、税金、损失、其他支出以及允许弥补的以前年度亏损后的余额，为应纳税所得额。其中，收入总额包括个体工商户从事生产经营以及与生产经营有关的活动取得的销售货物收入、提供劳务收入、转让财产收入、利息收入、租金收入、接受捐赠收入、其他收入。成本是指个体工商户在生产经营活动中发生的销售成本、销货成本、业务支出以及其他耗费。费用是指个体工商户在生产经营活动中发生的销售费用、管理费用和财务费用，已经计入成本的有关费用除外。税金是指个体工商户在生产经营活动中发生的除个人所得税和允许抵扣的增值税以外的各项税金及其附加。损失是指个体工商户在生产经营活动中发生的固定资产和存货的盘亏、毁损、报废损失，转让财产损失，坏账损失，自然灾害等不可抗力因素造成的损失以及其他损失。

2021 年，为减轻小微企业和个体工商户的税收压力，国家税务总局发布《关于落实支持小型微利企业和个体工商户发展所得税优惠政策有关事项的公告》（国家税务总局公告 2021 年第 8 号），其中规定，对个体工商户经营所得年应纳税所得额不超过 100 万元的部分，在现行优惠政策基础上，再减半征收个人所得税。个体工商户不区分征收方式，均可享受。公告执行期限为 2021 年 1 月 1 日至 2022 年 12 月 31 日。

3. 如何计算个人独资企业缴纳的个人所得税

个人独资企业虽然名为“企业”，但并不缴纳企业所得税，而是对投资者个人取得的生产经营所得比照个体工商户的经营所得征收个人所得税。个人独资企业以投资者为纳税义务人，以每一纳税年度的收入总额减除成本、费用以及损失后的余额，作为投资者个人的生产经营所得，比照《个人所得税法》的“个体工商户的生产经营所得”应税项目，适用5%～35%的五级超额累进税率，计算征收个人所得税。

计算方法：

年应纳税额 = 年应纳税所得额×适用税率（5%～35%的超累进税率）－速算扣除数

（1）个人独资企业年应纳税所得额 = 收入总额－成本－费用－各项损失。

（2）收入总额 = 商品销售收入+营运收入+劳务服务收入+工程价款收入+财产出租或者转让收入+利息收入+其他收入+营业外收入。

个人独资企业的个人所得税征收方式，既可以按查账征收，也可以按核定征收。

4. 如何计算合伙企业缴纳的个人所得税

合伙企业以每一个合伙人为纳税义务人。与个人独资企业一样，合伙企业每一纳税年度的收入总额减除成本、费用以及损失后的余额，作为投资者个人的生产经营所得，比照《个人所得税法》的“个体工商户的生产经营所得”应税项目，适用5% ~35%的五级超额累进税率，计算征收个人所得税。合伙企业的投资者按照合伙企业的全部生产经营所得和合伙协议约定的分配比例确定应纳税所得额，合伙协议没有约定分配比例的，以全部生产经营所得和合伙人数量平均计算每个投资者的应纳税所得额。前文所称生产经营所得，包括企业分配给投资者个人的所得和企业当年留存的所得（利润）。合伙人在合伙企业中的工资收入被视为“经营所得”的一部分，应该并入经营所得中一并计算个人所得税。由此可见，合伙人取得的与合伙企业相关的所得，在缴纳个人所得税的时候，涉及两个税目：利息股息红利所得及经营所得。合伙企业的投资者按照合伙企业的全部生产经营所得和合伙协议约定的分配比例确定应纳税所得额，合伙协议没有约定分配比例的，以全部生产经营所得和合伙人数量平均计算每个投资者的应纳税所得额。

合伙企业生产经营所得和其他所得采取“先分后税”的原则，合伙企业的合伙人按照下列原则确定应纳税所得额：

（1）合伙企业的合伙人以合伙企业的生产经营所得和其他所得，按照合伙协议约定的分配比例确定应纳税所得额。

（2）合伙协议未约定或者约定不明确的，以全部生产经营所得和其他所得，按照合伙人协商决定的分配比例确定应纳税所得额。

（3）协商不成的，以全部生产经营所得和其他所得，按照合伙人实缴出资比例确定应纳税所得额。

（4）无法确定出资比例的，以全部生产经营所得和其他所得，按照合伙人数量平均计算每个合伙人的应纳税所得额。

合伙协议不得约定将全部利润分配给部分合伙人。

【例】合伙人经营所得的应纳税额计算

小明、大明两人合伙成立了A合伙企业，其中小明占60%份额，大明占40%份额，合伙协议中约定按照出资份额确定分配比例。两位合伙人每月从A企业领取1万元的工资收入。2019年，A企业的生产经营所得为50万元。假设两合伙人的专项扣除、专项附加扣除、其他扣除各为4万元。那么，小明、大明应缴纳的个人所得税为：

生产经营所得：

小明：500000元×0.6+120000元=420000元

大明：500000元×0.4+120000元=320000元

两人均适用30%的税率和40500的速算扣除数。

年应纳税额：

小明：（420000元-60000元-40000元）×0.3-40500=55500元

大明：（320000元-60000元-40000元）×0.3-40500=25500元

五、企业如何缴纳印花税和城市维护建设税

印花税和城市维护建设税几乎是所有公司都要缴纳的税收，这两种税收计算都较为简单。印花税通过贴花缴纳；城市维护建设税作为一种附加税，在缴纳增值税和消费税的同时一并缴纳。

1. 如何计算印花税

印花税是一个古老的税种，早先的股票交易中，交易所或者其他代表国家信用的机构会在纸质的股票背面进行“贴花背书”，以示该交易是正规的、受国家保护的。该税因在应税凭证上粘贴印花税票作为完税的标志而得名。在我国，印花税是企业常见的一种税，它是对经济活动和经济交往中书立具有法律效力的应税凭证征收的一种税。2021 年 6 月我国通过了《中华人民共和国印花税法》（以下简称《印花税法》），自 2022 年 7 月 1 日起施行，自此，《中华人民共和国印花税暂行条例》废止。

书立或者领受时贴花，是指在合同签订时、书据的立据时、账簿的启用时和证照的领受时贴花，如果合同是在国外签订的，应在国内使用时贴花。根据《印花税法》第 1 条的规定，在中华人民共和国境内书立应税凭证、进行证券交易的单位和个人，为印花税的纳税人，应当依照《印花税法》

规定缴纳印花税。在中华人民共和国境外书立在境内使用的应税凭证的单位和个人，应当依照《印花税法》规定缴纳印花税。印花税实行由纳税人根据规定自行计算应纳税额，购买并一次贴足印花税票的缴纳办法。此外，印花税还可以由税务机关委托经由发放或者办理应税凭证的单位代为征收印花税税款。

印花税的计算方法如下：

印花税应纳税额 = 计税依据 × 税率

根据《印花税法》第 5 条的规定，印花税的计税依据如下：（1）应税合同的计税依据，为合同所列的金额，不包括列明的增值税税款；（2）应税产权转移书据的计税依据，为产权转移书据所列的金额，不包括列明的增值税税款；（3）应税营业账簿的计税依据，为账簿记载的实收资本（股本）、资本公积合计金额；（4）证券交易的计税依据，为成交金额。

印花税的税率：

根据《印花税法》印花税税目税率表的规定，印花税的税率为：

（1）应税合同。针对借款合同、融资租赁合同是按照 0.5‱缴纳；针对买卖合同、承揽合同、建设工程合同、运输合同及技术合同是按照 3‱税率缴纳；针对租赁合同、保管合同、仓储合同、财产保险合同按照 1‰的税率进行缴纳。

（2）产权转移书据。针对土地使用权出让书据，土地使用权、房屋等建筑物和构筑物所有权转让书据（不包括土地承包经营权和土地经营权转移），股权转让书据（不包括应缴纳证券交易印花税的），应缴纳税率为5‱。商标专用权、著作权、专利权、专有技术使用权转让书据，应缴纳税率为价款的3‱。

（3）营业账簿。按照实收资本（股本）、资本公积金合计金额的2.5‱缴纳。

（4）证券交易。按照成交金额的1‰的税率缴纳。

与《中华人民共和国印花税暂行条例》相比，《印花税法》最大的改变是降低了印花税部分税目的税率，对企业来说是一个利好消息。此外，《印花税法》还取消了对权利、许可证照每件征收5元印花税的规定，明确个人与电子商务经营者订立的电子订单免征印花税等。

2. 如何计算城市维护建设税

城市维护建设税，又称城建税，是以纳税人依法实际缴纳的增值税、消费税税额为计税依据，依法计征的一种税，旨在加强城市的维护建设，扩大和稳定城市维护建设资金的来源。城市维护建设税是一种附加税，它没有独立的征税对象或税基，而是以增值税和消费税实际缴纳的税额之和为计税依据，随增值税和消费税同时附征。因此，城市维护建设税的纳税人为在我国境内缴纳增值税、消费税的单位和个人。该税以纳税人依法实际缴纳的增值税、消费税税额为计税依据，纳税义务人在缴纳增值税和消费税的同时缴纳城市维护建设税。

一般来说，城镇规模越大，所需要的建设与维护资金越多。根据《中华人民共和国城市维护建设税法》第 4 条的规定，城市维护建设税税率如下：（1）纳税人所在地在市区的，税率为 7%；（2）纳税人所在地在县城、镇的，税率为 5%；（3）纳税人所在地不在市区、县城或者镇的，税率为 1%。这里的纳税人所在地，是指纳税人住所地或者与纳税人生产经营活动相关的其他地点，具体地点由省、自治区、直辖市确定。

法条速递

《中华人民共和国税收征收管理法》第十五条　企业，企业在外地设立的分支机构和从事生产、经营的场所，个体工商户和从事生产、经营的事业单位（以下统称从事生产、经营的纳税人）自领取营业执照之日起三十日内，持有关证件，向税务机关申报办理税务登记。税务机关应当于收到申报的当日办理登记并发给税务登记证件。

工商行政管理机关应当将办理登记注册、核发营业执照的情况，定期向税务机关通报。

本条第一款规定以外的纳税人办理税务登记和扣缴义务人办理扣缴税款登记的范围和办法，由国务院规定。

第十六条　从事生产、经营的纳税人，税务登记内容发生变化的，自工商行政管理机关办理变更登记之日起三十日内或者在向工商行政管理机关申请办理注销登记之前，持有关证件向税务机关申报办理变更或者注销税务登记。

第五十四条 税务机关有权进行下列税务检查：

（一）检查纳税人的帐簿、记帐凭证、报表和有关资料，检查扣缴义务人代扣代缴、代收代缴税款帐簿、记帐凭证和有关资料；

（二）到纳税人的生产、经营场所和货物存放地检查纳税人应纳税的商品、货物或者其他财产，检查扣缴义务人与代扣代缴、代收代缴税款有关的经营情况；

（三）责成纳税人、扣缴义务人提供与纳税或者代扣代缴、代收代缴税款有关的文件、证明材料和有关资料；

（四）询问纳税人、扣缴义务人与纳税或者代扣代缴、代收代缴税款有关的问题和情况；

（五）到车站、码头、机场、邮政企业及其分支机构检查纳税人托运、邮寄应纳税商品、货物或者其他财产的有关单据、凭证和有关资料；

（六）经县以上税务局（分局）局长批准，凭全国统一格式的检查存款帐户许可证明，查询从事生产、经营的纳税人、扣缴义务人在银行或者其他金融机构的存款帐户。税务机关在调查税收违法案件时，经设区的市、自治州以上税务局（分局）局长批准，可以查询案件涉嫌人员的储蓄存款。税务机关查询所获得的资料，不得用于税收以外的用途。

《中华人民共和国个人所得税法》第二条 下列各项个人所得，应当缴纳个人所得税：

（一）工资、薪金所得；

（二）劳务报酬所得；

（三）稿酬所得；

（四）特许权使用费所得；

（五）经营所得；

（六）利息、股息、红利所得；

（七）财产租赁所得；

（八）财产转让所得；

（九）偶然所得。

居民个人取得前款第一项至第四项所得（以下称综合所得），按纳税年度合并计算个人所得税；非居民个人取得前款第一项至第四项所得，按月或者按次分项计算个人所得税。纳税人取得前款第五项至第九项所得，依照本法规定分别计算个人所得税。

《中华人民共和国企业所得税法》第六条　企业以货币形式和非货币形式从各种来源取得的收入，为收入总额。包括：

（一）销售货物收入；

（二）提供劳务收入；

（三）转让财产收入；

（四）股息、红利等权益性投资收益；

（五）利息收入；

（六）租金收入；

（七）特许权使用费收入；

（八）接受捐赠收入；

（九）其他收入。

第七条　收入总额中的下列收入为不征税收入：

（一）财政拨款；

（二）依法收取并纳入财政管理的行政事业性收费、政府性基金；

（三）国务院规定的其他不征税收入。

第八条 企业实际发生的与取得收入有关的、合理的支出，包括成本、费用、税金、损失和其他支出，准予在计算应纳税所得额时扣除。

第十条 在计算应纳税所得额时，下列支出不得扣除：

（一）向投资者支付的股息、红利等权益性投资收益款项；

（二）企业所得税税款；

（三）税收滞纳金；

（四）罚金、罚款和被没收财物的损失；

（五）本法第九条规定以外的捐赠支出；

（六）赞助支出；

（七）未经核定的准备金支出；

（八）与取得收入无关的其他支出。

第五章

企业如何签订与履行合同

一、订立合同前应注意哪些问题

订立合同前做好充分的准备工作，不但可以顺利推进签约的过程，还能有效防止履约风险。无论合作规模大小，公司在签订合同前都应当对交易相对方的基本情况进行较为详细的审查，确认其资质、履约能力等。如果合作涉及的金额较大，则更要谨慎对待、认真处理。如果主体存在缺陷，很可能会使合同归于无效或难以履行，从而达不到签订合同的目的。因此，签约之前对交易相对方进行主体资格和履约能力的调查是十分重要和必要的。

对交易相对方主体资格的调查包括以下几个方面：首先，要调查该主体是否为合法成立的主体。例如，其是否有营业执照，营业执照是否有效。对一些特殊的行业，还要审查其是否有相应的经营许可证或资质。例如，食品加工企业除有营业执照外，还要看其是否获得食品生产经营许可证，看该许可是否在有效期内；建设工程合同的合同相对方还应具有签订或履行合同所要求的资质等。其次，要审查企业及企业法定代表人等是否存在违法犯罪、因违法被行政机关处罚、涉诉或被列入失信人员名单等情形。最后，对代表企业来谈判和签约人员的身份也应进行审查，如果这些人员是交易相对方的法定代表人，应确定该人员与营业执照上登记的人员是否一致。如果只是交易相对方的普通工作人员，应审查其是否获得了该企业的授权、授权的范围及期限等，尤其要防范无权代理及越权代理的发生。对交易相对方履约能力的调查包括对其注册资本、资产情况、营业额、负债情况、商业信誉、历史履约情况等的调查，并结合企业所分布的行业及产品在市场上所处的阶段等因素，确保对方的财产状况能够与本次交易的标的相匹配。

对交易相对方上述信息的审核，除可以要求对方提供营业执照、身份证件、特殊行业的许可证书、资产负债表等外，还可以通过国家市场监督管理总局建立的“国家企业信用信息公示系统”，以及“企查查”“天眼查”等网络平台查询企业的基本信息和公示信息。此外，订立重要、长期的合同时，创业者最好亲自前往交易相对方企业进行实地考察，搜集和掌握相对方企业的一手信息。

二、订立合同需要经过哪些程序

合同是民事主体之间设立、变更、终止民事法律关系的协议，合同既是一种反映交易关系的法律形式，也是一种发生民法上效果的合意。合同的订立是两个或两个以上的当事人为意思表示、达成合意成立合同的过程和状态，它所描述的是缔约各方从接触、商洽、讨价还价直至达成合意的过程。这个阶段包含：要约邀请、要约、反要约等制度的规范和约束。在整个过程中，交易主体利用其经济条件、社会环境，发挥聪明才智，采取各种策略，说服交易对方，争取确定有利于自己的合同条款。根据《民法典》第471条的规定，当事人订立合同，可以采取要约、承诺方式或者其他方式。由此可见，一般情形下，要约和承诺是订立合同的两个必经阶段。

1. 什么是要约

要约是指一方当事人以缔结合同为目的，向对方当事人作出的希望订立合同的意思表示。要约一经发出，要约人即受到自己意思表示的约束，表明要约人在对方的有效答复期内，负有和对方订立合同的义务，违反义务造成对方损失，有赔偿损失的责任（缔约过失责任）。要约的成立包括两个要件：第一，要约的内容必须具体、确定。要约的内容必须具有使合同成立的主要条款，且要约内容能够使受要约人理解其真正含义。要约的内容越具体和确定，越有利于受要约人迅速作出承诺。第二，要约必须表明经受要约人承诺，要约人即受该意思表示的约束。要约人发出要约的目的是订立合同，这种订约意图一定要由要约人通过其发出的要约充分表达出来，才能在受要约人承诺的情况下成立合同。

实践中与要约相近的一个概念是要约邀请。要约邀请是希望他人向自己发出要约的表示。拍卖公告、招标公告、招股说明书、债券募集办法、基金招募说明书、商业广告和宣传、寄送的价目表等通常为要约邀请。要约邀请是一种事实行为，属于当事人订立合同的预备行为，它既不能因相对人的承诺而成立合同，也不能因自己作出某种承诺而约束要约人。

一般情形下，要约自到达受要约人时生效，只要要约已进入受领人控制的领域，并在通常情况下可以期待受领人能够知悉要约的内容，就视为到达。以对话方式作出的要约，即当事人直接以对话的形式发出的要约，在相对人知道其内容时生效；采用数据电文形式作出的要约，相对人知道或应当知道该数据电文进入其系统时生效，如果有指定特定的系统，则进入该特定系统时生效。只要要约内容进入了收件人的系统，即使没有被收件人实际检索、阅读也视为到达。如果要约人发出要约后又不想订立合同的，可以撤回，但应先通知受要约人，或与要约同时到达受要约人。如果要约已经生效，要约人不能再撤回，此时要约人如果要废除要约，则应当在受要约人未作出承诺前，撤销要约，使要约的效力归于消灭。要约可以撤销，但是有下列情形之一的除外：（1）要约人以确定承诺期限或者其他形式明示要约不可撤销；（2）受要约人有理由认为要约是不可撤销的，并已经为履行合同做了合理准备工作。

2. 什么是承诺

承诺是受要约人同意要约的意思表示。承诺应当由受要约人向要约人作出，且承诺必须是无条件的，不得限制、扩张或者变更要约的内容，但为了鼓励交易，只要不改变要约的实质性内容就是承诺。所谓实质性内容就是对当事人的利益有重大影响的合同内容，一般是构成未来合同的重要条款，如合同的标的、数量、质量、价格、履行地点和方式、解决争议方法等。对非实质性内容的更改不应影响合同的成立。如果发生实质性变更，则该承诺被视为新的要约，也称为“反要约”，此时，合同能否成立取决于原要约人是否进行了承诺。承诺必须在规定的期限内到达要约人，在没有确定承诺期限的情形下，如果要约以对话方式作出，应当即时作出承诺，若以非对话方式作出，则应当在合理期限内到达。

承诺的方式分两种：一种是通知方式，即以口头或者书面的形式回复，明确表示接受；另一种是默示，即通过实际行为或其他交易习惯作出承诺。例如，受要约人在收到要约后，直接按照要约的内容向要约人支付了购买相关商品的价款。以通知方式作出的承诺，在到达要约人或要约人了解后生效；以行为方式作出的承诺，自行为作出时生效。承诺也可以撤回，但应当提前通知要约人或与承诺通知同时到达要约人。

3. 如何确定合同成立的时间和地点

一般来说，合同成立时间以承诺生效时间为准，承诺生效时合同成立。承诺生效后，当事人就受合同关系的拘束，享受合同上的权利和承担合同上的义务。承诺生效的时间以承诺到达要约人的时间为准，即承诺何时到达要约人，承诺何时生效，但法律另有规定的除外（如法律明确规定合同应当采用特定的形式订立或必须交付标的物），或者当事人另有约定的除外。原则上，承诺生效的地点为合同成立的地点。采用数据电文形式订立合同的，以收件人的主营业地或经常居住地为合同成立地；采用合同书形式订立合同的，以最后签字、盖章或捺手印的地方为合同成立地。合同成立的地点有可能成为确定法院管辖权及选择适用法律等事项的重要因素，因此，其在诉讼法上具有非常重要的意义。实践中，为了避免双方对合同成立地点产生争议，可以直接在合同中约定合同的签订地点。

三、合同应具备哪些内容

不同类型的合同所需约定的条款不同，但需要特别注意的是，对合同的标的、数量、质量等重要条款一定要约定清楚，避免日后发生纠纷要用合同来主张权利时，会因合同条款约定不清而产生败诉的风险。此外，合同中的格式条款也会因违反法律规定而被认定为无效。

1. 对合同重要条款的约定应注意哪些问题

根据《民法典》第470条的规定，合同的内容由当事人约定，一般包括下列条款：（1）当事人的姓名或者名称和住所；（2）标的；（3）数量；（4）质量；（5）价款或者报酬；（6）履行期限、地点和方式；（7）违约责任；（8）解决争议的方法。当事人可以参照各类合同的示范文本订立合同。

在合同中，对标的物的名称应用规范的全称，避免用简称、俗名、习惯名或该类产品的统称进行约定。如果供应方的产品有多种型号规格，应在合同中明确标的物的品牌、生产企业、规格及型号等详细信息。此外，还应特别注意部分产品因地域不同导致的同名异物或同物异名的情形，必要时可在合同中附带产品图片，避免各方当事人因对产品的误解而产生纠纷。标的物的数量要明确，采用规范计量单位，避免采用笼统或不明确的计量单位。对产品的质量约定也要明确采用行业标准或是国家标准，约定如果双方对产品质量有争议的应当如何鉴定等。

2. 格式条款的效力如何

除当事人相互协商订立的合同外，还有一类特殊的合同，它是当事人为了重复使用而预先拟定好，签订合同时不允许修改全部或部分条款的合同。格式条款最大的优势是能够提高交易效率，但是由于其剥夺了对方当事人的合同自由，因而可能会损害对方当事人的利益，因此，法律特别要求格式条款的提供方在决定合同内容时应当遵循公平原则，并负有提示义务和说明义务。提示义务，是指格式条款提供方应采取合理的方式提示对方特别注意格式条款中免除或者减轻其责任等与对方有重大利害关系的条款。例如，将免责条款采用黑体字或大号字体印在合同书醒目的位置。说明义务，是指对方对于免责条款有疑义的，格式条款提供方应予以说明。违反这两项义务的，对方当事人可以主张该条款不能成为合同的内容。

根据《民法典》第 497 条的规定，以下三种情形下格式条款无效：第一，符合《民法典》关于一般合同无效情形的；第二，提供格式条款一方不合理地免除或者减轻其责任、加重对方责任、限制对方主要权利；第三，提供格式条款一方排除对方主要权利。

免除自身责任是指格式条款中含有免除条款提供方按照

通常情形或一般交易习惯应当承担的主要义务，如“商品一经售出概不负责”等条款。加重对方责任是指格式条款中含有在通常情况或一般交易习惯中对方当事人不应当承担的义务，如某些合同中规定消费者对于不可抗力发生的后果也应承担责任。排除对方主要权利是指格式条款中含有排除对方当事人按照通常情形或一般交易习惯应当享有的主要权利。

四、如何确认合同的效力

合同的效力是指法律赋予依法成立的合同具有拘束当事人各方乃至第三人的强制力。依法成立的合同，自成立时生效，但是法律另有规定或者当事人另有约定的除外。在一些特殊的情况下，合同虽然成立了，但却不具有合同效力。因此，为保证合同对双方的拘束力，确认合同的效力是十分重要的。根据《民法典》的规定，合同的效力分为有效、无效、效力待定和可撤销四类。

1. 合同生效应具备哪些要件

作为民事法律行为的一种，合同生效也应当具备民事法律行为有效的要件，这些要件包括：（1）行为人具有相应的民事行为能力；（2）意思表示真实；（3）不违反法律、行政法规的强制性规定，不违背公序良俗。

一些特殊合同需要特殊的生效要件，如需要经过国家有关行政主管部门的批准等。只有同时具备上述要件，合同才能生效。

2. 常见的合同无效的情形有哪些

无效合同是指不具有法律效力的合同。根据《民法典》的相关规定，我国合同无效的原因主要包括以下几种情形：

（1）以虚假的意思表示订立的合同无效。这里的“虚假意思表示”是指在订立合同时，行为人与相对人都知道自己所表示的意思并非双方当事人的内心真意，且双方对此互相知晓，常见的如“阴阳合同”。

（2）违反法律、行政法规的强制性规定或违背公序良俗订立的合同无效。例如，以从事犯罪活动为内容的合同、规避课税的合同、危害社会秩序的合同、赌博合同及违反人格尊严的合同等，都是无效合同。

（3）行为人与相对人恶意串通，订立损害第三人合法权益的合同无效。例如，甲和乙签订商品房买卖合同，约定将房屋卖给乙，在办理过户登记之前，甲又与丙恶意串通，将房屋卖给丙。此时，乙以甲和丙恶意串通，另行订立商品房买卖合同并将房屋交付使用，导致其无法取得房屋为由，请求法院确认甲与丙订立的合同无效，法院应予以支持。

（4）无民事行为能力人、限制民事行为能力人订立合同，且法定代理人不予追认的，该合同无效。但限制民事行为能力人订立纯获利益的合同，与其年龄、智力、精神健康状况相适应的合同的，不需追认，合同当然有效。

（5）《民法典》第 506 条规定，合同中的下列免责条款无效：①造成对方人身损害的；②因故意或者重大过失造成对方财产损失的。

（6）背离法律制度的根本目的的，合同无效。例如，合同约定被担保债务的履行期是 2021 年 6 月 9 日，可约定的保证期间是2021年5月1日至2021年6月1日，这种约定下保证人实际上不会承担保证责任，背离了保证制度的根本目的，因此合同应当归于无效。

（7）其他法律规定的无效原因。例如，《中华人民共和国保险法》第31条第3款规定，订立合同时，投保人对被保险人不具有保险利益的，合同无效。

3. 哪些情形下可以撤销合同

可撤销的合同是指因意思表示不真实，由有撤销权的一方当事人向法院或仲裁机构申请行使撤销权，从而使已生效的合同归于无效。它包括以下三种类型：

（1）因重大误解订立的合同。这里的“重大误解”是指因当事人缺乏必要的知识、技术、信息或经验而对合同内容产生的误解。

（2）采用欺诈、胁迫手段或乘人之危订立的合同。这是指因一方采取欺诈、胁迫或乘人之危的行为，从而使对方在违背真实意思的情况下订立的合同。

（3）在显失公平的情况下订立的合同。这是指在一方处于危困状态、缺乏判断能力等情形下订立的合同。

司法实践中，法院在判决合同撤销的案件时会较为谨慎，但在出现欺诈行为及显失公平时，法院通常会对合同判决撤销。欺诈和显失公平是较为常见的被撤销的原因。一些公司在招揽业务、洽谈合作时，往往会夸大自己的能力，但是如果通过虚构事实骗取他人信任，这样的做法就是欺诈，签订的合同可能会被法院判定为可撤销。还有一些公司特别是大公司在与他人订立合同时，采用格式合同，对对方的主要权利进行限制，导致合同极不对等，这样的合同也可能因被法院认定为显失公平而判定合同可撤销。

撤销权的行使是有时间限制的，根据《民法典》第 152 条的规定，有下列情形之一的，撤销权消灭：（1）当事人自知道或者应当知道撤销事由之日起 1 年内、重大误解的当事人自知道或者应当知道撤销事由之日起 90 日内没有行使撤销权；（2）当事人受胁迫，自胁迫行为终止之日起 1 年内没有行使撤销权；（3）当事人知道撤销事由后明确表示或者以自己的行为表明放弃撤销权。当事人自民事法律行为发生之日起 5 年内没有行使撤销权的，撤销权消灭。

合同无效或被撤销后自始无效，双方当事人将不再履行。行为人因该行为取得的财产，应当予以返还，不能返还或者没有必要返还的，应当折价补偿。有过错的一方应当赔偿对方由此受到的损失；各方都有过错的，应当各自承担相应的法律责任。合同部分无效的，不影响其他部分的效力。

五、如何顺利地履行一份合同

合同的履行是债务人全面地、适当地完成合同债务，使债权人的合同债权得到完全实现。合同履行的法律意义：一方面使当事人自合同成立生效之时起就关注自己和相对人履行合同的情况，确保合同得到全面、正确的履行；另一方面使当事人尽早发现对方不能履行或不能完全履行合同义务的情况，以便尽早采取相应措施，避免自己陷入被动和不利，防止损失的发生或扩大。

1. 合同履行中应坚持哪些原则

合同履行的原则是当事人在履行合同时应遵循的基本准则。除坚持《民法典》的基本原则外，合同履行中还应当坚持全面履行、适当履行、协作履行和情势变更等原则。

（1）全面履行原则。当事人应当按照诚实信用原则，根据法律规定及合同约定全面履行合同义务，这里的义务不仅包括合同条款中约定的义务，而且包括法律规定的先合同义务及后合同义务等。

（2）适当履行原则。当事人应当按照合同约定的标的、质量、数量，由适当主体在适当的期限、地点，以适当的方式履行合同义务。

（3）协作履行原则。当事人应基于诚实信用原则，在合同履行中除履行自己的债务外，在必要的限度内还应当协助相对人履行债务。例如，当事人应当遵循诚信原则，根据合同的性质、目的和交易习惯履行通知、协助、保密等义务。

（4）情势变更原则。根据《民法典》第 533 条的规定，合同成立后，合同的基础条件发生了当事人在订立合同时无法预见的、不属于商业风险的重大变化，继续履行合同对于当事人一方明显不公平的，受不利影响的当事人可以与对方重新协商；在合理期限内协商不成的，当事人可以请求人民法院或者仲裁机构变更或者解除合同。人民法院或者仲裁机构应当结合案件的实际情况，根据公平原则变更或者解除合同。

2. 合同内容约定不明时怎么办

合同生效后，当事人就质量、价款或者报酬、履行地点等内容没有约定或者约定不明确的，可以协议补充；不能达成补充协议的，按照合同相关条款或者交易习惯确定。《民法典》第 511 条规定，当事人就有关合同内容约定不明确，可以适用下列规定：

（1）质量要求不明确的，按照强制性国家标准履行；没有强制性国家标准的，按照推荐性国家标准履行；没有推荐性国家标准的，按照行业标准履行；没有国家标准、行业标准的，按照通常标准或者符合合同目的的特定标准履行。

（2）价款或者报酬不明确的，按照订立合同时履行地的市场价格履行；依法应当执行政府定价或者政府指导价的，依照规定履行。

（3）履行地点不明确，给付货币的，在接受货币一方所在地履行；交付不动产的，在不动产所在地履行；其他标的，在履行义务一方所在地履行。

（4）履行期限不明确的，债务人可以随时履行，债权人也可以随时请求履行，但是应当给对方必要的准备时间。

（5）履行方式不明确的，按照有利于实现合同目的的方式履行。

（6）履行费用的负担不明确的，由履行义务一方负担；因债权人原因增加的履行费用，由债权人负担。

3. 合同履行中有哪些抗辩权利

合同履行中的抗辩权，是指在符合法定条件时，当事人一方对抗相对人的履行请求权，并暂时拒绝履行其债务的权利。简单来说，就是在债务履行过程中，可提出的拒绝继续履行其合同义务的理由。我国《民法典》中规定了三种抗辩权，即同时履行抗辩权、先履行抗辩权和不安抗辩权。抗辩权的行使，只是在一定期限内中止履行合同，并不消灭合同的履行效力，产生抗辩权的原因消失后，债务人仍要履行其债务。此外，抗辩权只有基于当事人的主张才能发生效力，法院在审理案件时，不会主动适用抗辩权。

第一，同时履行抗辩权。它是指在双务合同中，双方互负债务，没有先后履行顺序的，应当同时履行。一方在对方履行之前或对方履行债务不符合约定时有权拒绝其履行请求。行使该抗辩权的前提是，双方当事人必须因同一双务合同而互负到期债务，且该债务履行没有先后顺序。如果双方当事人尽管互负债务，但不是因同一个合同关系而产生，即该债务不具有对价的牵连关系时，不能适用同时履行抗辩权。

第二，先履行抗辩权。它是指合同中约定了债务履行的先后顺序，在先履行一方未履行债务或者履行债务不符合约定时，后履行一方有权拒绝其相应的履行请求。行使该抗辩权的前提是，双方当事人因同一双务合同而互负债务，该债务的履行有先后顺序，且后履行一方的债务已届履行期。先履行一方未履行的义务应指合同的主给付，如果先履行一方已经履行了主给付义务而未履行从给付义务，一般不能产生先履行抗辩权。例如，在买卖合同中，双方约定卖方先交付货物，买方再支付货款。如果卖方已经交付了货物，但未按照合同的约定一并交付与货物有关的验收文件，通常在该情况下，买受人不得主张先履行抗辩权。

第三，不安抗辩权。它是指在双务合同中，负有先履行债务的当事人，有确切证据证明对方有下列情形之一的，可以中止履行：（1）经营状况严重恶化；（2）转移财产、抽逃资金，以逃避债务；（3）丧失商业信誉；（4）有丧失或者可能丧失履行债务能力的其他情形。相对于前两种抗辩权，行使不安抗辩权的适用条件更高，要求先履行一方能够举证证明后履行一方出现履行能力严重恶化的事实，当事人没有确切证据中止履行的，应当承担违约责任。行使不安抗辩权时应当通知对方当事人，如果对方在获得通知后及时提供担保的，应当恢复履行。

六、什么是合同的保全

合同的保全，是指为了防止因债务人的财产不当减少而使债权人的债权及其实现受到损害，允许债权人干预债务人处分自己财产行为的法律制度，它包括代位权与撤销权。其中，代位权是针对债务人消极不行使自己债权的行为，撤销权则是针对债务人积极侵害债权人债权实现的行为，两者均是为了确保债权人债权的实现。

1. 什么是代位权诉讼

代位权诉讼是指当债务人怠于行使债务追索权时，债权人可以行使代位权，但代位权的行使只能通过诉讼方式进行，即债权人直接起诉债务人的债务人，并要求其还债的一种诉讼活动。例如，丙欠乙 50 万元，乙欠甲 50 万元，如果乙怠于行使对丙的 50 万元债权，乙当时又没有其他财产，就会损害债权人甲的利益，使甲对乙的 50 万元债权不能获得清偿，这时根据债权人代位权规定，甲可以直接向法院起诉乙的债务人丙。在该债权人代位权诉讼中，甲是原告，丙是被告，而乙则被列为第三人，如果甲未将债务人乙列为第三人，人民法院应当追加债务人乙为第三人。

作为民事诉讼的一种，代位权诉讼应具备民事诉讼法规定的起诉条件，此外，还应当符合以下特殊要件：（1）债权人对债务人的债权合法；（2）债务人怠于行使其到期债权，且已对债权人造成损害；（3）债务人的债权已到期；（4）该债权不是专属于债务人自身的债权。

人民法院认定代位权成立的，由债务人的相对人向债权人履行义务，债权人接受履行后，债权人与债务人、债务人与相对人之间相应的权利义务终止。债务人对相对人的债权或者与该债权有关的从权利被采取保全、执行措施，或者债务人破产的，依照相关法律的规定处理。

2. 什么是撤销权诉讼

根据《民法典》的相关规定，当债务人以下列不合理的方式处分自己的财产，影响债权人的债权实现时，债权人可以请求人民法院撤销债务人的行为：（1）债务人以放弃其债权、放弃债权担保、无偿转让财产等方式无偿处分财产权益，影响债权人的债权实现的；（2）债务人恶意延长其到期债权的履行期限，影响债权人的债权实现的；（3）债务人以明显不合理的低价转让财产、以明显不合理的高价受让他人财产或者为他人的债务提供担保，影响债权人的债权实现，债务人的相对人知道或者应当知道该情形的。

撤销权的行使范围以债权人的债权为限，债权人行使撤销权的必要费用，由债务人负担。撤销权自债权人知道或者应当知道撤销事由之日起 1 年内行使。自债务人的行为发生之日起5年内没有行使撤销权的，该撤销权消灭。债务人影响债权人的债权实现的行为被撤销的，自始没有法律约束力。

七、如何变更合同

合同的变更，是指依法成立的合同尚未履行或未完全履行之前，当事人就合同内容进行修改或补充而达成的协议，包括对履行合同的期限、地点及方式等合同内容的改变。合同的变更不包括对合同当事人的变更，当事人变更的适用合同转让的相关规定。合同变更后，已经履行的债务仍然有效，尚未履行的部分按照变更后的内容执行。债权人和债务人未经保证人书面同意，协商变更主债权债务合同内容，减轻债务的，保证人仍对变更后的债务承担保证责任；加重债务的，保证人对加重的部分不承担保证责任。债权人和债务人变更主债权债务合同的履行期限，未经保证人书面同意的，保证期间不受影响。此外，合同的变更也不影响当事人请求赔偿的权利。

合同变更包括约定变更与法定变更。约定变更是在当事人协商一致后进行的合同变更，这是实践中最常见的合同变更情形。此外，在法律规定的特定条件下，也可以不必经双方当事人协商而变更合同。例如，根据《民法典》第 533 条第 1 款的规定，合同成立后，合同的基础条件发生了当事人在订立合同时无法预见的、不属于商业风险的重大变化，继续履行合同对于当事人一方明显不公平的，受不利影响的当事人可以与对方重新协商；在合同期限内协商不成的，当事人可以请求人民法院或者仲裁机构变更或者解除合同。

无论是哪种变更，提出变更的一方都应当以书面形式提出变更建议，双方当事人就变更事项进行协商，最终达成一致意见后，当事人签订变更合同的协议书。因法定原因导致一方当事人提出变更合同，另一方不同意的，提出变更合同的一方可以依法请求法院或仲裁机构确认变更该合同。合同变更必须签订书面的变更文件，由双方签字盖章确认，若没有进行变更确认，一旦其中一方不予认可该变更内容，则需要按原合同内容履行。

合同变更应以原合同合法有效为前提，如果原合同无效、被撤销、效力待定等，就无法对合同进行变更。如果法律法规规定变更合同应当办理批准、登记手续的，依照其规定办理，未依照规定办理的，即便达成了变更合同的协议，也是无效的。

八、如何转让合同

合同转让，是指在不改变合同内容的前提下，合同关系的一方当事人依法将合同的权利、义务全部或部分转让给第三人，由第三人享有合同权利或承担合同义务的行为。合同转让必须合法，不违背社会公共利益，符合法律规定的程序，并经让与人与受让人之间达成协议后才能生效。合同转让仅发生合同主体的变化，合同内容并不因此改变，它包括合同权利的转让、合同义务的转让和合同权利义务的概括转让三种。

1. 什么是合同权利的转让

合同权利的转让，是指合同权利人一方将其合同的权利全部或者部分转让给第三人的行为，其中债权人是转让人，第三人是受让人。例如，甲公司长期为乙超市供货，乙超市仍欠甲公司一笔货款。后甲公司生意不佳，打算注销，于是将其对乙超市的债权转让给丙公司，让丙公司去追讨该欠款，这就是典型的合同债权的转让。根据《民法典》第546条的规定，债权人转让债权，未通知债务人的，该转让对债务人不发生效力。债权转让的通知不得撤销，但是经受让人同意的除外。合同权利的转让既可以是转让全部权利，也可以是转让部分权利，但下列情形的债权不得转让：（1）根据债权性质不得转让。这类债权主要是指基于当事人特定身份而订立的合同，如出版合同、雇佣合同、赠与合同等。(2)按照当事人约定不得转让。(3)依照法律规定不得转让。当事人约定非金钱债权不得转让的，不得对抗善意第三人。当事人约定金钱债权不得转让的，不得对抗第三人。

债权让与成立并通知债务人后，原债权人不再享有全部或部分债权债务关系，受让人取代债权人的地位，可以向债务人主张权利。债务人应该向受让人履行债务，其对原债权人的抗辩权，如提出债权无效、诉讼时效已过等事由的抗辩理由，亦可对受让人行使。如果债务人接到债权转让通知时，债务人对让与人享有债权，且债务人的债权先于转让的债权到期或者同时到期，债务人可以向受让人主张抵销。例如，在上一案例中，甲公司将其债权转让给丙公司后，应当将债权转让的相关事宜通知乙超市，如果乙超市认为甲公司原来交付的产品有质量问题，该抗辩理由同样可以向丙公司主张。

2. 什么是合同义务的转让

合同义务的转让也称债务承担，是指在合同内容不变的条件下，经债权人同意，债务人通过与第三人订立债务承担合同，将合同义务全部或者部分移转给第三人承担的法律行为，它包括债务承担与债务加入。债务承担是指第三人在获得原债务人转移的全部合同义务后，取代原债务人的地位，成为合同新的债务人的债务承担方式；债务加入是指第三人在获得原债务人转移的部分合同义务后，与原债务人一起向债权人承担同一债务的债务承担方式。与债权转让不同，债务承担的条件更为严格，债务人将合同义务转让给第三人，必须获得债权人的同意。若债权人不同意，该合同义务转让行为不生效。

3. 什么是合同权利义务的概括转让

合同权利义务的概括转让，是指合同一方当事人将其在合同中的所有权利义务一并移转给第三人，由该第三人概括地继受这些权利义务，它是合同当事人的彻底变更，原有当事人退出合同关系，新的第三人进入合同关系之中。法定的合同权利义务概括转让的情形主要发生在公司合并或分立时。公司合并时，合并后的新公司行使原公司所有合同权利，履行合同义务；公司分立为两家公司时，除原公司与债务人另有约定外，分立后的两家公司对原合同规定的权利义务享有连带债权，承担连带债务。

合同的权利和义务一并转让的，适用债权转让、债务转移的有关规定。因此，债权转让和债务转移产生的法律效力也同样适用于合同的概括转让，但不同的是，在合同权利的转让及合同义务的转让中，只是单纯地转移债权或债务，受让人因此成为新的债权人或债务人，但其并不是原债的当事人。在合同权利义务的概括转让的情形中，债权债务的承受人已经完全取代了原当事人的法律地位。合同权利义务的转让，不影响仲裁协议的效力。

九、如何解除合同

合同的解除是指在合同成立以后，合同一方当事人或者双方当事人依照法律规定或者当事人的约定，依法解除合同效力的行为。根据《民法典》的相关规定，当事人协商一致，可以解除合同。当事人可以约定一方解除合同的事由。解除合同的事由发生时，解除权人可以解除合同。有下列情形之一的，当事人可以解除合同：

（1）因不可抗力致使不能实现合同目的。

（2）在履行期限届满前，当事人一方明确表示或者以自己的行为表明不履行主要债务的。例如，公司拟购买一套房屋作为办公用房，与房屋所有权人签订了房屋买卖合同，但在等待办理房屋过户手续时，该房屋所有权人却将这套房屋卖给他人并办理了相关的登记过户手续。显然，房屋所有权人的行为已经表明其无法继续履行合同，原合同可以依法解除。

（3）当事人一方迟延履行主要债务，经催告后在合理期限内仍未履行。如果公司以该理由解除合同的，应注意以下几点：一是合同相对方迟延履行的债务必须是合同的主义务，不能因相对方延迟履行从义务而解除合同；二是解除合同前需先进行催告，最好是向对方发送催告函，要求对方限期履行义务；三是限期履行的期限应当合理，如果没有在催告函中明确该期限，法院将根据具体情况酌定。

（4）当事人一方迟延履行债务或者有其他违约行为致使不能实现合同目的。公司以该理由解除合同的，必须是债务人的违约行为构成根本违约或者造成合同目的无法实现。例如，在买卖合同中，相对方交付的产品质量问题严重，无法维修，或因时间紧急且无法更换的，则只能解除合同。

（5）法律规定的其他情形。例如，承租人未经出租人同意转租的，出租人可以解除合同；定作人在承揽人完成工作前可以随时解除合同，造成承揽人损失的，应当赔偿损失；委托人或受托人可以随时解除委托合同等。

当事人一方依法主张解除合同的，应当通知对方。合同自通知到达对方时解除；通知载明债务人在一定期限内不履行债务则合同自动解除，债务人在该期限内未履行债务的，合同自通知载明的期限届满时解除。对方对解除合同有异议的，任何一方当事人均可以请求人民法院或者仲裁机构确认解除行为的效力。如果合同有担保的，解除合同还需要通知担保人。合同解除后，尚未履行的，终止履行；已经履行的，根据履行情况和合同性质，当事人可以请求恢复原状或者采取其他补救措施，并有权请求赔偿损失。合同解除不影响合同解除方依照约定以及法律规定追究违约责任的权利。例如，在买卖合同中，合同因违约而解除后，守约方可以主张继续适用违约金条款。如果因第三人的过错造成不能履行合同并因此解除合同的，债务人应当承担赔偿责任，并有权向第三人追偿。

十、如何追究合同相对方的违约责任

合同签订后，双方就应当按照合同约定的内容，全面、完整地履行各自的义务。如果一方没有按照约定履行，有违约行为发生并给对方造成损失的，另一方有权依法追究合同相对方的违约责任，要求其继续履行合同、赔偿损失、支付违约金或采取补救措施等。

1. 常见的违约行为有哪些

构成违约责任首先要有违约行为。在合同履行过程中，常见的违约行为有以下情形：

（1）不能履行。不能履行是指债务人客观上已经没有履行能力，如在特定物买卖合同中，该特定物毁损灭失，就是不能履行。

（2）逾期履行。逾期履行是指债务人能够履行，但在履行期限届满时仍未履行合同债务。如果合同明确规定履行期限，债务人在履行期限届满时没有履行的，构成逾期履行。如果合同没有明确规定履行期限，债权人应先催告履行，债务人未在指定的期限内履行，构成逾期履行。

（3）不适当履行。不适当履行是指债务人虽然履行了债务，但其履行不符合债务的本意，履行具有瑕疵，如履行的标的物在数量上不完全，标的物的品种、规格等不符合合同约定，标的物有缺陷，加害给付，履行方法不完全，附随义务履行不完全等。是否构成不适当履行应当以履行期限届满仍未消除缺陷或者另行给付时为准。

（4）部分履行。部分履行是指履行了一部分，但履行不完全的情况。在部分履行情形下，守约方不能轻易解除合同，除非能证明部分履行行为构成根本违约，导致合同目的无法实现。

（5）拒绝履行。拒绝履行是指当事人一方明确表示或者以自己的行为表明不履行合同义务的，对方可以在履行期限届满前请求其承担违约责任。拒绝履行包括明示拒绝和默示拒绝：前者是违约方明确表示不再履行合同；后者是以自己的行为表示将不再履行合同，实践中这类行为包括采用转移资产、抽逃资金等方法逃避债务。

2. 违约方应承担的违约责任有哪些

根据《民法典》及相关司法解释的规定，常见的承担违约责任的方式包括以下几种：

（1）继续履行。继续履行是指在合同一方当事人没有履行合同或履行不符合约定时，另一方当事人可以要求违约方按照合同约定继续履行，直至达到合同目的。一般情形下，对于金钱债务，可以直接适用继续履行，对于非金钱债务或者履行非金钱债务不符合约定的，对方可以请求履行，但是有下列情形之一的除外：①法律上或者事实上不能履行；

②债务的标的不适于强制履行或者履行费用过高；③债权人在合理期限内未请求履行。如果根据债务的性质不得强制履行的，债权人可以请求债务人负担由第三人替代履行的费用。

（2）赔偿损失。赔偿损失是指债务人不履行合同债务时，依法赔偿债权人所受损失的责任，赔偿范围由双方当事人协商确定，如果没有达成协议，损失赔偿额应相当于因违约所造成的损失。

（3）支付违约金。违约金是由当事人约定的或法律直接规定的，一方当事人违约时向另一方当事人支付一定数额的金钱。违约金的约定，通常表现为主合同的一个或几个条款。《民法典》第585条规定，当事人可以约定一方违约时应当根据违约情况向对方支付一定数额的违约金，也可以约定因违约产生的损失赔偿额的计算方法。约定的违约金低于造成的损失的，人民法院或者仲裁机构可以根据当事人的请求予以增加；约定的违约金过分高于造成的损失的，人民法院或者仲裁机构可以根据当事人的请求予以适当减少。当事人就迟延履行约定违约金的，违约方支付违约金后，还应当履行债务。违约金责任成立的前提条件是存在有效的合同关系，如果主合同不成立、无效、不被追认或被撤销时，违约金条款也就不成立或无效，但是因违约而解除合同的，违约金条款仍然有效。

（4）承担定金责任。定金是指合同当事人为了确保合同的履行，依据法律规定或者当事人双方的约定，由当事人一方在合同订立时，或订立后、履行前，预先给付对方当事人的金钱或其他代替物。定金的成立应当在书面文书上写明“定金”字样。当给付定金的一方履行债务后，定金应当抵作价款或者收回。给付定金的一方不履行债务的，无权要求返还定金；收受定金的一方不履行约定债务的，应当双倍返还定金。当事人一方不履行合同或拒绝履行合同时，适用定金罚则。定金的数额由当事人约定；但是，不得超过主合同标的额的20%，超过部分不产生定金的效力。实际交付的定金数额多于或者少于约定数额的，视为变更约定的定金数额。

应特别注意的是，实践中，有些当事人在订立合同时容易将“订金”与“定金”混淆使用，殊不知，“定金”与“订金”在法律上有很大的区别。定金必须以书面形式进行约定，具有担保作用，一方违约时，另一方可以适用定金罚则。定金合同是主合同的从合同，定金合同不成立或不生效，不影响主合同的效力。一般情况下，没有约定定金性质的订金不具有担保作用，仅具有预付款性质，在交易成功时，订金充当货款；在交易失败时，订金应全额返还。

（5）采取补救措施。采取补救措施是指通过违约方的弥补，使合同能够继续履行的措施。例如，在买卖合同中，如果产品质量不合格，卖方可以采取修理、更换、重作、退货、减少价款等补救方式；在提供服务的合同中，如果买方对服务不满意，卖方可以采取重新提供服务、补充提供服务等补救措施。

法条速递

《中华人民共和国民法典》第四百八十八条 承诺的内容应当与要约的内容一致。受要约人对要约的内容作出实质性变更的，为新要约。有关合同标的、数量、质量、价款或者报酬、履行期限、履行地点和方式、违约责任和解决争议方法等的变更，是对要约内容的实质性变更。

第四百八十九条 承诺对要约的内容作出非实质性变更的，除要约人及时表示反对或者要约表明承诺不得对要约的内容作出任何变更外，该承诺有效，合同的内容以承诺的内容为准。

第五百条 当事人在订立合同过程中有下列情形之一，造成对方损失的，应当承担赔偿责任：

（一）假借订立合同，恶意进行磋商；

（二）故意隐瞒与订立合同有关的重要事实或者提供虚假情况；

（三）有其他违背诚信原则的行为。

第五百二十三条 当事人约定由第三人向债权人履行债务，第三人不履行债务或者履行债务不符合约定的，债务人应当向债权人承担违约责任。

第五百二十四条 债务人不履行债务，第三人对履行该债务具有合法利益的，第三人有权向债权人代为履行；但是，根据债务性质、按照当事人约定或者依照法律规定只能由债务人履行的除外。

债权人接受第三人履行后，其对债务人的债权转让给第三人，但是债务人和第三人另有约定的除外。

第五百三十五条 因债务人怠于行使其债权或者与该债权有关的从权利，影响债权人的到期债权实现的，债权人可以向人民法院请求以自己的名义代位行使债务人对相对人的权利，但是该权利专属于债务人自身的除外。

代位权的行使范围以债权人的到期债权为限。债权人行使代位权的必要费用，由债务人负担。

相对人对债务人的抗辩，可以向债权人主张。

第六章

企业如何进行知识产权保护

一、企业如何进行品牌保护

品牌是企业重要的无形资产，一个成功的品牌，能为企业带来巨大的经济利益，对提升企业的市场竞争力具有至关重要的作用。作为识别产品与服务来源标识的商标，是企业品牌保护的核心，企业的生产和销售都与商标有着密不可分的关系。保护商标专用权不仅是行政执法部门的职责，更是企业的重要工作。一方面要保护其享有的商标专用权，防止他人侵犯；另一方面要避免因不了解相关法律法规的规定而侵犯他人的商标专用权。

1. 什么是商标

企业注册时需要一个名称，企业生产的产品或服务要区别于其他企业，也需要一个标志，也就是商标。商标是企业重要的无形资产，它不仅能够起到识别的作用，还能让更多的人记住该产品或服务，是区别不同企业的商品或劳务的标记。两个生产同类产品的企业使用相同或近似的商标，容易造成产品来源的混淆，导致消费者在产品选择上的误认，因而在商标注册时将不会被允许注册。任何能够将自然人、法人或者其他组织的商品与他人的商品区别开的标志，包括文字、图形、字母、数字、三维标志、颜色组合和声音等，以及上述要素的组合，均可以作为商标申请注册。经商标局核准注册的商标为注册商标，包括商品商标、服务商标、集体商标、证明商标；商标注册人享有商标专用权，受法律保护，如果是驰名商标，还会获得跨类别的商标专用权法律保护。实践中，商标有以下几种基本组成形式：

（1）单独由文字组成的商标，如“长城”牌电脑、“光明”牌牛奶，这类商标最为直观。

（2）单独由字母组成的商标，包括由拼音文字、外文字母（英文字母和拉丁字母等）构成的商标，如“ABC”牌童装、“IBM”牌电脑。

（3）单独由数字组成的商标，如“999”牌感冒药。

（4）单独由图形组成的商标。

（5）文字、数字、字母和图形任意两个或两个以上的元素组合而成的组合商标，比较多见的是文字和图形的组合。

（6）以三维标志和颜色组合申请的注册商标，这是《中华人民共和国商标法》（以下简称《商标法》）2019 年修订后新增的商标构成元素，它将商标保护客体从平面商标扩大到了立体商标和色彩组合商标。

《商标法》第 10 条规定：“下列标志不得作为商标使用：（一）同中华人民共和国的国家名称、国旗、国徽、国歌、军旗、军徽、军歌、勋章等相同或者近似的，以及同中央国家机关的名称、标志、所在地特定地点的名称或者标志性建筑物的名称、图形相同的；（二）同外国的国家名称、国旗、国徽、军旗等相同或者近似的，但经该国政府同意的除外；

（三）同政府间国际组织的名称、旗帜、徽记等相同或者近似的，但经该组织同意或者不易误导公众的除外；（四）与表明实施控制、予以保证的官方标志、检验印记相同或者近似的，但经授权的除外；（五）同‘红十字’、‘红新月’的名称、标志相同或者近似的；（六）带有民族歧视性的；（七）带有欺骗性，容易使公众对商品的质量等特点或者产地产生误认的；（八）有害于社会主义道德风尚或者有其他不良影响的。县级以上行政区划的地名或者公众知晓的外国地名，不得作为商标。但是，地名具有其他含义或者作为集体商标、证明商标组成部分的除外；已经注册的使用地名的商标继续有效。”

《商标法》第11条规定：“下列标志不得作为商标注册：（一）仅有本商品的通用名称、图形、型号的；（二）仅直接表示商品的质量、主要原料、功能、用途、重量、数量及其他特点的；（三）其他缺乏显著特征的。前款所列标志经过使用取得显著特征，并便于识别的，可以作为商标注册。”

2. 商标与企业名称有什么区别

企业名称的组成为：行政区划＋字号（商号）＋行业（经营特点）＋组织形式，其核心是“商号”，它是企业区别于其他企业的特定标志和名称，代表着企业的信誉，与商品的生产者或经营者相关联。商标是区分企业的商品或服务的特定标志，代表着商品或服务的信誉，只能与其所依附的特定商品或服务相关联。由此可见，商标≠商号，一个企业一般只有一个企业名称，而企业注册多少商标则没有限制。商标与商号关系极为密切，为扩大企业的知名度，方便对品牌进行宣传，很多企业会将企业名称中的商号作为商标来注册，或将商号作为商标的组成部分来注册，但两者存在明显的区别，主要体现在以下几方面：

第一，两者的取得方式不同。对于商标，我国实行自愿注册与强制注册相结合的原则，除法律法规规定必须使用注册商标的商品外，一般商品的商标采取自愿注册原则，经注册的商标享有专用权，未经注册的商标可以继续使用，但不享有专用权；企业名称要想在民商事活动中使用，必须到市场监管部门进行核准登记，未经核准登记的名称不准使用，也不享有名称权。

第二，组成及表现形式不同。我国的法律法规对企业名称的组成有较为严格的规定，而对商标的要求则主要是不损害公共利益以及具有显著性两方面。在表现形式上，商标可以由文字、数字、图形、字母、三维标志、颜色组合等多种要素构成，企业名称则有固定的模式，作为其核心部分的商号只能由两个以上的汉字组成。

第三，适用范围及效力不同。根据《商标法》第 39 条的规定，注册商标的有效期为 10 年，自核准注册之日起计算。有效期满需要继续使用的，商标注册人应当办理续展手续。企业名称则没有期限限制，只要该企业存续，其名称就可以一直存在。商标经注册后在全国范围内受法律保护，如果在国外申请注册商标的，该商标还将受到注册国法律的保护，而企业名称的效力一般会被限定在省、市、县等一定行政区划之内。

3. 如何注册商标

根据《商标法》的规定，只有经过注册，企业对该商标才享有专用权，即排除他人使用商标的权利。注册商标采取申请在先原则，即对一个未注册的商标来说，谁先申请注册，谁就获得该商标的专用权。有些企业经过辛苦经营，将其使用了很长时间的商标打造出一定的知名度，但却由于知识产权保护意识淡薄，没有注册该商标，在被别人注册后，该企业如继续使用就会面临侵害他人商标权的法律风险。因此，初创企业一定要及时申请商标注册，以获得对该商标的专用权。

根据《商标法》的规定，自然人、法人或者其他组织均可以向商标局申请商标注册。商标注册申请人或经办人可以直接将申请文件递交到商标局或通过网上申请系统提交。申请商标注册需要经过以下程序：

（1）确定拟注册的产品或者服务。目前，我国商标注册的商品和服务项目共计四十五大类，其中，商品三十四大类，服务项目十一大类。申请商标注册时，申请人应当按规定的商品分类表填报使用商标的商品类别和商品名称，这是商标申请最重要的步骤，它不但影响到该申请能否成功，还会影响后续商标权的保护。如果申请人在不同类别的商品上要使用同一商标，则应该向每一个需要使用商标的类别都提出申请注册。企业在确定拟注册的商品类别时，不能仅考虑现实需求，还应考虑企业的长期发展规划，最好将企业未来拟经营的产品或服务所属类别都纳入注册范围。例如，一家目前仅生产儿童玩具的公司，未来拟将业务拓展至儿童服装、游乐场领域，因此，在服装、鞋、帽类及娱乐类上也应进行商标注册。此外，对容易混淆的商品（服务）类别及可能对企业有负面影响的类别也应进行商标注册。前者如“计算机游戏软件”与“在线游戏”就属于易混淆的商品（服务）分类，为了对该商标进行全面保护，最好将类似的所有类别均纳入商标注册范围；后者如食品的类别与厕所卫生用具的类别，就属于可能会被竞争对手用来攻击，不利于维护企业形象，如果不一并注册，有可能会对企业造成损害。

（2）准备申请商标注册的相关材料。申请材料包括：商标注册申请书（加盖公章）、营业执照复印件（加盖公章）、商标图样（jpg 格式）、法定代表人身份证复印件、商标代理委托书等。

（3）审查、初步审定并公告。商标局收到企业注册商标的申请后，首先应就商标注册申请文件的手续是否齐备、是否符合法定要求等进行形式审查，审查不合格的不予受理，合格的进入实质审查，即审查拟注册的商标是否存在不予注册的情形。实质审查通过的，予以初步审定并公告，公告时间为 3 个月，公告期内任何人认为商标注册损害了公共利益，存在不予注册的绝对理由，或利害关系人认为商标注册损害了自己的权利，存在不予注册的相对理由的，都可以向商标局提出异议。商标局收到商标异议申请书后，会要求被异议人在规定期限内进行答辩。商标局受理异议申请书的，向申请人发出受理通知书；不予受理的，书面通知申请人并说明理由。对驳回申请、不予公告的商标，商标局应当书面通知商标注册申请人。商标注册申请人不服的，可以自收到通知之日起 15 日内向商标评审委员会申请复审。商标评审委员会应当自收到申请之日起 9 个月内作出决定，并书面通知申请人。有特殊情况需要延长的，经国务院工商行政管理部门批准，可以延长 3 个月。当事人对商标评审委员会的决定不服的，可以自收到通知之日起 30 日内向人民法院起诉。公告期满无异议的，予以核准注册，发给商标注册证，并予公告。

4. 企业名称与他人的注册商标相冲突，应如何处理

在我国，企业名称采取分级登记制度，而注册商标实行全国统一注册，对商标与商号实行分别保护，即在商号领域对商标不予保护，在商标领域则对商号不予保护。这导致了企业不能阻止他人将其商标登记为企业名称或将其商号注册为商标，从而使企业的经营成果可能被他人享有，而他人的风险却由自己承担。商标权与企业名称权的冲突由此产生，

且在实践中这一冲突较为严重。对这一冲突的解决，目前司法实践主要是依照诚实信用、维护公平竞争和保护在先权利等原则进行处理。

当A企业的注册商标“金元宝”与B企业的名称“金元宝贸易有限公司”相冲突时，A拥有商标权，B也是合法登记的商号。如果B企业的名称登记在先，A企业的商标注册在后，那么尽管两家企业同处一个地区，商标权对于善意注册的商号也无权禁止使用。但若A企业的商标注册在先，B企业的名称登记在后，则B企业可能会构成不正当竞争。《反不正当竞争法》第6条将经营者实施的“擅自使用与他人有一定影响的商品名称、包装、装潢等相同或者近似的标识”，以及“其他足以引人误认为是他人商品或者与他人存在特定联系的混淆行为”，规定为不正当竞争行为。《商标法》第58条规定，将他人注册商标、未注册的驰名商标作为企业名称中的字号使用，误导公众，构成不正当竞争行为的，依照《反不正当竞争法》处理。根据上述规定，将他人在先注册的商标作为企业商号进行登记的行为是否构成不正当竞争的关键是，是否会引起他人的误认，即是否具有使消费者产生混淆的可能。如果注册使用企业名称本身具有不正当性，如将他人具有一定知名度的在先注册商标登记为企业名称的，具有“搭便车”、傍名牌嫌疑，并足以产生市场混淆的，法院将按照不正当竞争处理。

一些创业者在为初创企业起名字时，为了扩大企业的知名度，会将他人知名商标或字号注册为企业名称，并认为这是企业发展的捷径，殊不知，这种“搭便车”的行为可能会给企业带来不可预知的法律风险。因为一旦企业被权利人起诉，法院认定该行为为不正当竞争行为后，企业将面临停止使用该字号、企业更名、支付赔偿金、没收违法所得及罚款甚至吊销营业执照的处罚，因此，企业不要试图走捷径实现商品的销售与推广。对于已经成功进行了名称登记的企业，则应及时向国家商标总局申请注册商标，突破企业名称市场主体登记对字号保护的地域限制，该企业名称及相应标识才能获得更多的法律保护。

5. 企业如何避免字号被他人抢注

当今社会，产品要走向市场，商标是企业必不可少的一张名片，只有商标先行，商品才能在市场上安全销售，企业的产品和营销活动也才能受法律保护。然而，很多创业者在创业初期往往将精力放在企业管理和发展上，对品牌标识的保护缺乏足够的重视，未将企业字号申请为注册商标，在企业具有一定知名度和市场占有率后，其品牌被他人抢注成功，苦心经营的品牌将轻易被人占有。“王致和”“同仁堂”等老字号就曾因遭抢注而引发纠纷，导致企业为维权付出巨大代价。企业的字号被作为商标申请注册成功后，就获得了对该商标的专用权。商标专用权既包括商标持有人在核定使用的商品或者服务上使用其注册商标的权利，也包括禁止他人在相同或者类似商品或服务上使用与其注册商标相同或者近似标识的权利。因此，企业字号一旦被他人抢注成功，被抢注的企业将不能再继续使用其字号作为商标，如果继续使用，可能被起诉商标侵权。被抢注企业由于品牌标志与企业名称不统一，易使市场产生混淆或误导消费，从而严重影响企业的发展。

虽然“在先使用并长期经营获得一定知名度”的企业字号在被他人抢注后，可以申请撤销，但撤销他人注册商标的条件是非常严格的，且即使能够获得撤销支持，往往也会限制在同类别或者相似类别的商标上，因此，与其事后救济，不如提前防范。企业要避免商标被抢注的风险，最好就在其设立初期，确定了企业名称和经营方向后，将企业字号作为商标在主要产品或服务上申请注册，以获取超越地域限制、相似领域限制的保护。随着企业的不断发展，企业还应加大对商标及字号的保护力度，不仅将该商标注册在主要产品或服务上，还应适当增加辅助类别的商标注册申请。当该商标经过持续和长期的经营与推广，在市场上获得较高知名度后，还应适时将企业字号申报为驰名商标。一旦被认定为驰名商标，该商标就可获得跨类别的保护，其保护力度将远超于普通注册商标和尚未申请注册的在先使用的字号。

对字号已被抢注的企业，如该商标还未获批准注册，应特别重视公告期，并作出充分说明。根据《商标法》的规定，对申请注册的商标，商标局在初步审定后会给予一定期限的公告期。公告期内，字号被抢注的企业可以向商标局提出异议，商标局在听取异议人和被异议人对事实和理由的陈述后，作出是否准予注册的决定。如该商标已获批准注册，企业可以向商标评审委员会提起撤销申请，宣告该抢注商标无效；如若商标评审委员会裁决不予撤销，则企业可向人民法院提起行政诉讼。企业应当收集足够的证据材料，为诉讼做好充足准备。

6. 企业如何保护好网络域名

网络域名是互联网上识别和定位计算机层次结构式的字符标识，用于在数据传输时对计算机的定位标识（有时也指地理位置）。随着互联网及电子商务的快速发展，网络逐渐成为企业宣传营销的重要渠道，域名作为企业重要的无形数字资产，正逐步被越来越多的企业接受和认可。一个符合企业品牌形象的域名，有利于企业品牌的建立、保护和升级。域名保护不善，难以被用户记忆和输入，不利于企业品牌的宣传。如果域名被他人抢先拥有，还会失去品牌宣传的重要先机，此外，域名还容易被不法分子利用，建造假冒的钓鱼网站非法牟利，影响企业声誉。

域名保护的一个典型案例是京东对域名的保护。2011 年以前，京东一直使用“360buy. com”作为域名，该域名一度被很多消费者误认为是奇虎 360 公司旗下的电商平台。2011 年，京东收购并用“jingdong. com”的域名，与京东中文品牌一致。2013 年京东斥资 3000 万元收购并启用"jd. com"的域名，使关键字"360buy. com"的百度搜索指数直线下降，2015 年后搜索指数降到 1000 以下。另一个域名保护的典型案例是中国著名知识资源平台"中国知网"，其域名启用的是"cnki. net"，但由于并未在第一时间对另一个品牌域名"cnki. com"进行保护，从而被一家名为"中国气功网"的网站启用。这直接导致，当用户通过搜索引擎查询知网时，搜索引擎会自动抓取关键字"cnki"，这让"气功网 cnki. com"也会被一同抓取，尽管气功网与知网之间并无交集，但相似的域名使两者强行捆绑在一起，在这种情况下，流量更大、品牌影响力更大、知名度更高的企业自然更吃亏。由此可见，全方位保护企业品牌相关的域名，对于维护企业品牌声誉至关重要。

与企业名称、注册商标的保护一样，对域名最好的保护也是提前防范，在企业初创时就应先考虑品牌名称是否能注册到对应的品牌域名。对企业域名的注册保护应是全面的，即把企业名称、商标等域名及关联域名，甚至是易错的域名，中文、英文及汉语拼音，"com""net""org""com. cn""net. cn"等可能会被他人抢注的域名全部申请注册，全方位地保护自身品牌权益，避免造成品牌声誉下降和用户流失等。对被抢注成功的域名，被抢注企业可以通过仲裁等途径寻求救济。创业者在注册网络域名时，还应避免"搭便车"等行为。根据最高人民法院《关于审理涉及计算机网络域名民事纠纷案件适用法律若干问题的解释》第 4 条第 2 项的规定，被告域名或其主要部分构成对原告驰名商标的复制、模仿、翻译或音译；或者与原告的注册商标、域名等相同或近似，足以造成相关公众的误认，应当认定被告注册、使用域名等行为构成侵权或者不正当竞争，创业者可能因此承担停止侵权、注销域名、赔偿损失等法律责任。

7. 什么是商标使用许可

商标使用许可是指商标注册人通过签订商标许可使用合同，授权他人使用其注册商标，被许可人按照合同的规定从事经营活动，向授权者支付相应的许可使用费，并保证使用该注册商标的商品质量，授权者对此应当进行监督。根据《商标法》第 43 条的规定，企业进行商标授权许可时，应当与被许可人签订正式的书面许可协议，并报国家商标局备案，未经备案不影响许可使用合同的效力，但不得对抗善意第三人。在被列为“2020 年中国法院十大知识产权案件”之一的中国红牛维他命饮料有限公司（以下简称红牛公司）与天丝医药保健有限公司（以下简称天丝公司）的商标权诉讼中，红牛公司与天丝公司的商标使用许可自 2016 年到期后，双方就“红牛系列商标”的所有权产生纠纷，红牛公司请求确认其享有该商标的所有权并索要广告宣传费用 37.53 亿元。该案经二审后，最高人民法院最终驳回了红牛公司的诉讼请求，终审判决红牛系列商标的所有权归属天丝公司，这意味着红牛公司辛苦经营了20多年的品牌从此无法再使用，红牛公司损失惨重。该案提醒我们，如果授权使用别人的商标，应当特别关注商标许可使用的方式。

根据2020年修正的最高人民法院《关于审理商标民事纠纷案件适用法律若干问题的解释》第3条的规定，《商标法》第43条规定的商标使用许可包括以下三类：（1）独占使用许可，是指商标注册人在约定的期间、地域和以约定的方式，将该注册商标仅许可一个被许可人使用，商标注册人依约定不得使用该注册商标。在这种许可模式下，被许可人对该商标有独占使用权，在规定的地域范围内除该被许可人外，包括许可人在内的任何第三人均不得在商标有效期内使用被许可的注册商标。此时，独占许可人的法律地位相当于“准商标权人”，若发现在规定地域内有商标侵权行为时，可以以“利害关系人”身份直接起诉侵权者。（2）排他使用许可，是指商标注册人在约定的期间、地域和以约定的方式，将该注册商标仅许可一个被许可人使用，商标注册人依约定可以使用该注册商标但不得另行许可他人使用该注册商标。这里的“排他”仅是排除第三方在该地域内对该注册商标的使用权，在发生注册商标专用权被侵害时，排他使用许可合同的被许可人可以和商标注册人共同起诉，也可以在商标注册人不起诉的情况下自行提起诉讼。（3）普通使用许可，是指商标注册人在约定的期间、地域和以约定的方式，许可他人使用其注册商标，并可自行使用该注册商标和许可他人使用其注册商标。在这种许可方式下，由于被许可人获得的商标使用权是非排他性的，因此当出现第三人擅自使用该注册商标的情形时，除非有商标注册人的明确授权，否则不得以自己的名义对侵权者起诉，而只能将有关情况告知商标注册人，由商标注册人对侵权行为采取必要措施。

商标许可使用是有期限的。授权期限届满后，如果不能达成新的授权协议，被许可人将无权继续使用该注册商标。因此，企业在获得授权时应当根据企业经营的战略从长计议，合理确定商标许可的期限。权利人在进行商标授权时，对于授权条款应清楚明晰无异议，并最好在国家知识产权局进行商标许可使用合同的备案，以达到公示目的，加强证据效力。生活中常见的品牌授权，如连锁店、加盟店等，核心也是商标的授权，应当注意的是，在加盟合同中一定要列明商标许可使用费的金额及授权方式，避免日后在诉讼中加盟合同无法作为关键证据来使用。商标许可使用费的高低可以影响加盟商对品牌价值的认可度，同时，在商标侵权纠纷中，还可以作为请求侵权人赔偿损失的依据，即按照商标使用费的倍数计算赔偿数额，这样不仅能有效打击侵权人，也能在一定程度上警告那些想使用该注册商标又不想正规加盟的人。

二、企业如何保护自己的专利

创新是企业发展的动力和源泉，对于企业特别是高新技术企业来说，创新是企业赖以生存和发展的基础。企业因创新而产生的知识产权应得到法律的保护，这主要体现为对专利的保护。专利的首要功能是对权利人的创新技术方案提供保护，禁止他人未经许可而擅自使用。企业只有将产品相关专利掌握在自己手里，才能保证在商业竞争中立于不败之地。如果忽视对知识产权的保护，既没有申请专利也没有做好保密措施，最后被竞争对手捷足先登，企业将会遭受严重的损失。除此之外，专利还是很多企业申报政府项目的必要条件，例如，企业在科创板上市的条件之一就是要求形成主营业务收入的发明专利 5 项以上。由此可见，企业是否有专利以及专利的数量和质量如何，是衡量一个企业是否具备技术创新及技术领先以及是否具备核心竞争力的有效指标。

1. 什么是专利权

专利是法律对技术方案进行的一种排他的、垄断的保护，发明创造获得了专利保护，就相当于权利人拥有了独自使用这种技术的权利，即专利权。专利权实质是一项“技术垄断权”，在申请了专利后，拥有专利权，就相当于筑起一道围墙，在一定期限内任何人不得使用该项专利，如果其他人要使用，需要向权利人交纳专利费。从商业角度来说，专利权人获得专利后就意味着获得了独自占领相关市场的机会，能独占市场预示着巨大的商机和财富，从而保证企业的核心竞争力。

专利权是一种财产权利，具有以下特点：

（1）独占性（亦称垄断性或专有性）。它是指政府主管部门根据发明人或申请人的申请，经审核后认为其发明成果达到专利法授予专利条件而授予申请人或其合法受让人的一种专有权，即对该成果享有的占有、使用、收益和处分的权利。

（2）时间性。为促进社会的技术进步，专利的保护都有一定的期限。根据《中华人民共和国专利法》（以下简称《专利法》）第 42 条第 1 款的规定，发明专利权的期限为 20 年，实用新型专利权的期限为 10 年，外观设计专利权的期限为 15 年，均自申请日起计算。超过保护期限后，专利权不得续展，将向社会公开。

（3）地域性。一个国家或地区授予和保护的专利权仅在该国或地区范围内有效，对其他国家和地区不发生法律效力。如果专利权人希望扩大保护范围，则需要依照其他国家的法律另行提出专利申请。

根据《专利法》的规定，我国的专利包括发明专利、实用新型专利和外观设计专利三种类型，如图 6－1 所示。

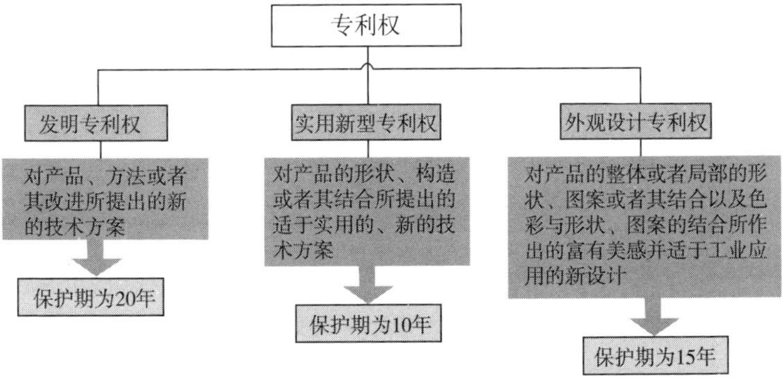

图6－1　专利权的类型

发明专利是对产品、方法或者其改进所提出的新的技术方案，它旨在保护技术、防止创新成果流失，有效期为20年，授权后需每年缴纳年费，它分为产品发明（如机器、仪器设备、用具）和方法发明（制造方法）两大类。

实用新型专利保护的也是技术方案，它是对产品的形状、构造或者其结合所提出的适于实用的新的技术方案，仅保护有一定形状或结构的新产品，不保护方法以及没有固定形状的物质。相对来说，实用新型的技术方案更注重实用性，其技术水平较发明低，所以实践中也有人将其称为“小发明”。授予实用新型专利不需要经过实质审查，手续比较简便，费用较低，因此，关于日用品、机械、电器等方面有形产品的小发明，比较适用于申请实用新型专利。

外观设计专利是对产品的整体或者局部的形状、图案或者其结合以及色彩与形状、图案的结合作出的富有美感并适于工业应用的新设计。与前两者相比，它更注重对产品外观所作出的富于艺术性、具有美感的创造。

2. 申请专利应具备什么条件

专利申请是获得专利权的必经程序，专利权的获得，要由申请人向国家专利机关提出申请，经国家专利机关批准并颁发证书。

根据《专利法》第 22 条的规定，授予专利权的发明和实用新型，应当具备新颖性、创造性和实用性。

（1）新颖性。新颖性是指该发明或者实用新型不属于现有技术；也没有任何单位或者个人就同样的发明或者实用新型在申请日以前向国务院专利行政部门提出过申请，并记载在申请日以后公布的专利申请文件或者公告的专利文件中。判断一项拟申请专利的技术是否满足新颖性的要求，需要查询该技术在向国家知识产权局提出申请之日前，是否以书籍、杂志、专利文献等形式公开发表过，是否公开制造、销售过类似的产品，或者以其他方式被公众所知悉。

（2）创造性。创造性是指与现有技术相比，该发明具有突出的实质性特点和显著的进步，该实用新型具有实质性特点和进步。对于发明专利来说，必须具有突出的实质性特点和显著的进步，但对于实用新型技术来说，只要具备实质性特点和进步即可，因此对于一些简单的技术改进，可以选择采用实用新型方式保护。

（3）实用性。实用性是指该发明或者实用新型能够制造或者使用，并且能够产生积极效果。

根据《专利法》第23条的规定，授予外观设计专利权，需要满足以下条件：（1）授予专利权的外观设计，应当不属于现有设计；也没有任何单位或者个人就同样的外观设计在申请日以前向国务院专利行政部门提出过申请，并记载在申请日以后公告的专利文件中。（2）授予专利权的外观设计与现有设计或者现有设计特征的组合相比，应当具有明显区别。（3）授予专利权的外观设计不得与他人在申请日以前已经取得的合法权利相冲突。

3. 谁是申请专利的主体

发明创造分为职务发明创造和非职务发明创造。执行本单位的任务或者主要是利用本单位的物质技术条件所完成的发明创造为职务发明创造，企业、事业单位、社会团体、国家机关的工作人员在职务之外没有利用本单位的物质条件所完成的发明创造为非职务发明。根据我国《专利法》第6条的规定，职务发明创造申请专利的权利属于该单位，申请被批准后，该单位为专利权人。该单位可以依法处置其职务发明创造申请专利的权利和专利权，促进相关发明创造的实施和运用。非职务发明创造申请专利的权利属于发明人或者设计人；申请被批准后，该发明人或者设计人为专利权人。对于利用本单位的物质技术条件所完成的发明创造，如单位与发明人或者设计人订有合同，并对申请专利的权利和专利权的归属作出约定的，从其约定。

“单位”包括各种所有制类型和性质的内资企业和在中国境内的中外合资经营企业、中外合作经营企业和外商独资企业；从劳动关系上讲，既包括固定工作单位，也包括临时工作单位。“发明人”是指发明的完成人，“设计人”是指实用新型或外观设计的完成人，他们都是对发明创造有实质性贡献的人。发明创造是智力劳动的结果，不受民事行为能力的限制。因此，无论从事发明创造的人是否具备完全民事行为能力，只要他完成了发明创造，就应认定为发明人或设计人。

4. 申请专利需要经过哪些流程

专利申请需要经过以下流程：

（1）准备材料，提出申请。申请发明或实用新型专利应当提交请求书、说明书及其摘要和权利要求书等文件；申请外观设计专利应当提交请求书、该外观设计的图片或者照片以及对该外观设计的简要说明等文件。申请人提交的有关图片或者照片应当清楚地显示要求专利保护的产品的外观设计。在材料准备齐全后可以向国务院专利行政部门提出专利申请。

（2）初步审查。初步审查是审查专利申请是否具备规定的文件和其他必要的文件，审查这些文件是否符合规定的格式，以及审查发明专利是否属于《专利法》规定不授予专利权的范围，是否明显缺乏技术内容不能构成技术方案，是否缺乏单一性等。此外，还审查实用新型和外观设计专利申请是否明显与已有专利相同，是不是一个新的技术方案或者新的设计等。

（3）实质审查。实质审查是申请发明专利的特别程序。实质审查主要是对专利申请是否具有新颖性、创造性、实用性以及专利法规定的其他实质性条件进行全面审查。初审合格并申请公布后，发明专利申请人就获得临时保护的权利。发明专利申请自申请日起 3 年内，国务院专利行政部门可以根据申请人随时提出的请求，对其申请进行实质审查；申请人无正当理由逾期不请求实质审查的，该申请即被视为撤回。国务院专利行政部门认为必要的时候，可以自行对发明专利申请进行实质审查。

（4）授权。实用新型和外观设计专利申请经初步审查没有发现驳回理由的，由国务院专利行政部门作出授予实用新型专利权或者外观设计专利权的决定，发给相应的专利证书，同时予以登记和公告。实用新型专利权和外观设计专利权自公告之日起生效。发明专利申请经实质审查没有发现驳回理由的，由国务院专利行政部门作出授予发明专利权的决定，发给发明专利证书，同时予以登记和公告。发明专利权自公告之日起生效。

5. 企业对核心技术的保护是申请专利还是商业保密

如前文所述，核心技术是创新型科技企业赖以生存和发展的基础。为了保护新的技术和产品，为企业创造更多的价值和更大的市场，一般情况下，企业都会选择以专利的方式进行保护，但申请了专利是否就意味着对该项技术成果进行了妥善的保护？显然，答案是否定的。申请专利意味着该专利的技术性会通过专利申请书、专利说明书等相关的专利文件公开，此外，专利权的保护期限为20年，在此期间该项专利未经专利权人的许可，可以禁止其他任何人使用，但过了期限就要公开。为避免公开，有些企业也会选择对该项技术不申请专利，而是将其作为企业的商业秘密予以保护。那么，到底是申请专利保护还是作为商业秘密保护呢？

在进行选择前，应当明确专利保护与商业秘密保护的区别。首先，专利保护需要依据《专利法》规定的程序进行申请；企业对商业秘密进行保护则不需要审批，企业只需采取相关保密措施进行保护即可，只要该商业秘密没有被泄露，企业就可以一直独占该技术信息。其次，专利保护的范畴应在专利说明书中具体描述，凡是不在描述范围内的，均不属于专利保护的范围；商业秘密保护的范围更大，只要是企业认为应当保密的信息，如产品技术信息、设计方案或工艺等都可以进行保护。一般来说，企业对核心技术的保护是选择申请专利还是通过商业秘密保护，通常应当考虑以下几个因素：

（1）考虑该技术反向工程的难易程度。反向工程是指通过反向拆卸、分析就能得到该产品的有关技术信息。对于企业的核心技术，如果其他企业通过反向工程就能轻易破解，那么，通过商业秘密保护显然是不恰当的，这时就可以申请专利进行保护。

（2）考虑科研成果价值的保护期限。根据《专利法》的规定，专利保护是有期限限制的，最长的保护期限是发明专利的 20 年，最短的是实用新型专利的 10 年，而商业秘密的保护则没有时间限制。对于企业来说，在选择是否要申请专利时，应评估该项技术价值的期限，如果该项成果的期限超出专利法所保护的期限，就适合以商业秘密保护，反之，则可以选择申请专利保护。例如，可口可乐的配方、云南白药的配方等均是通过商业秘密进行保护的，这就使这些技术成果的价值具有持久性，能够得到长期的保护。

（3）考虑专利的成功率。目前，我国专利申请的成功率并不高，很多专利申请不能得到支持，因为很多企业申请专利的技术只是在现有技术上的改进或革新，因此，这类专利申请容易因缺乏“创造性”而被驳回。这对企业来说不仅费时费力，还存在技术被公开的风险。因此，企业在申请专利前应当综合评估是否有必要申请专利，如果得不偿失，不如选择作为商业秘密来保护。

总而言之，对于核心技术的保护，企业的选择不能一概而论，应当结合企业运营的具体情况进行。如果不能通过商业秘密的方式进行保护，就应当及时进行专利的申请和维护，否则可能会因技术公开而导致专利丧失新颖性，从而无法获得授权。此外，企业就这类技术申请专利时还应考虑是申请发明专利还是实用新型专利。如前文所述，实用新型专利多针对一些小的发明创造，特点是审查期快、保护期限短、保护力度不强。发明专利保护的发明创造性更高，保护期限更长，但审查更严格，因此审查期限也更长，从申请到最后授予至少要2~3年，而在此期间，专利申请人其实是不享有专利权的。针对此种情况，企业可以同时申请发明专利和实用新型专利，在发明专利申请和审查的过程中，通过实用新型专利对该技术进行保护，当发明专利进入实质审查后再放弃实用新型的专用权，最终获得发明专利。

三、企业如何进行著作权保护

作为知识产权的重要组成部分，著作权的保护不仅是保护作者对其创作作品享有的人身权利与财产权利，更是对创新创造能力的保护，让科技更好地应用于生活，推动社会的发展。对于企业，特别是对于从事计算机软件开发、工程设计等领域的企业来说，著作权保护至关重要。

1. 什么是著作权

著作权亦称版权，是指作者及其他权利人对其创作的文学、艺术和科学技术作品所享有的专有权利。根据《中华人民共和国著作权法》（以下简称《著作权法》）第 3 条的规定，作品，是指文学、艺术和科学领域内具有独创性并能以一定形式表现的智力成果，包括：（1）文字作品；（2）口述作品；（3）音乐、戏剧、曲艺、舞蹈、杂技艺术作品；（4）美术、建筑作品；（5）摄影作品；（6）视听作品；（7）工程设计图、产品设计图、地图、示意图等图形作品和模型作品；（8）计算机软件；（9）符合作品特征的其他智力成果。

著作权既包括人身权也包括财产权。人身权包括：发表权、署名权、修改权及保护作品完整权。财产权包括：复制权、发行权、出租权、展览权、表演权、放映权、广播权、信息网络传播权、摄制权、改编权、翻译权、汇编权等。在很多情形下，著作权可以作为其他知识产权的在先权利，如商标权的在先权利就是相应的著作权；某些作品也可以转化为专利权，如计算机软件和程序等都可以转化为专利。很多企业十分重视对自己商标和专利的保护，但对著作权保护却十分忽视。事实上，企业在经营中经常遇到的软件开发、产品设计、工程设计等都涉及著作权归属及保护的问题，特别是对一些企业来说，影视动漫作品、设计图、计算机软件等越来越成为企业最为重要的无形资产。企业可能因其享有的某项著作权而获得核心竞争力，可能因著作权转让等著作权交易活动获得丰厚的经济回报，也可能因著作权纠纷而付出巨大代价。

2. 如何认定职务作品

实践中，企业著作权纠纷大部分是关于职务作品的认定问题。《著作权法》将其保护的作品分为职务作品和非职务作品。自然人为完成法人或者非法人组织工作任务所创作的作品是职务作品，其中“工作任务”是指公民在该法人或者该组织中应当履行的职务，主要是利用法人或者非法人组织的物质技术条件创作，并由法人或者非法人组织承担责任的工程设计图、产品设计图、地图、示意图、计算机软件等职务作品，作者享有署名权，著作权的其他权利由法人或非法人组织享有。这里的“物质技术条件”是指该法人或者该组织为公民完成创作专门提供的资金、设备或者资料；非职务作品是非因完成工作任务而创作的作品。两者在著作权归属、法律责任、著作权主体的完整性以及法律保护的期限等方面存在重大差异，必须予以区分。

非职务作品的著作权要么完全归属于自然人，要么完全归属于单位，不发生自然人和单位分享著作权的情形。职务作品的著作权则不同。根据《著作权法》第 18 条第 2 款的规定，有下列情形之一的职务作品，作者享有署名权，著作权的其他权利由法人或者非法人组织享有，法人或者非法人组织可以给予作者奖励：(1) 主要是利用法人或者非法人组织的物质技术条件创作，并由法人或者非法人组织承担责任的工程设计图、产品设计图、地图、示意图、计算机软件等职务作品；(2) 报社、期刊社、通讯社、广播电台、电视台的工作人员创作的职务作品；(3) 法律、行政法规规定或者合同约定著作权由法人或者非法人组织享有的职务作品。

除此以外，职务作品的著作权由作者享有，但法人或者非法人组织有权在其业务范围内优先使用。作品完成两年内，未经单位同意，作者不得许可第三人以与单位使用的相同方式使用该作品。在作品完成的两年内，经单位同意，作者许可第三人以与单位使用的相同方式使用作品所获得的报酬，由作者与单位按约定的比例分配。作品完成两年的期限，自作者向单位交付作品之日起计算。

3. 企业转让著作权时应注意哪些问题

著作权的转让问题也应引起企业的重视。例如，为了更好地推广公司文化及品牌，一些企业会面向社会公众征集公司的宣传用语等，这时就涉及著作权转让的问题。为避免日后产生知识产权纠纷，企业在征集广告时应对参赛者提交作品来源的合法性进行约束，即要求设计者提交的作品应具有原创性，未被任何人使用，也未侵犯任何人的权利，设计者对其提交的作品享有完整的知识产权。当企业最终确定入选作品，特别是当企业需要采纳获奖者作品时，应当根据《著作权法》的规定，与入选者订立书面的著作权转让合同，明确双方当事人的各项权利义务，设计者保证所提交的作品无权利瑕疵，征集者保证在支付奖金后一次性完整获取作品的知识产权。除此之外，很多企业还开通了企业微博或微信公众账号等，如果企业在这些平台上发布或者推送的内容需要转载他人的图片或文字，而企业未经许可、未支付报酬就擅自使用，可能存在侵权风险。确实需要转载他人内容的，应通过转发的模式进行，并注明信息的来源及原文链接地址，避免侵犯他人的著作权。

法条速递

《中华人民共和国商标法》第四十二条　转让注册商标的，转让人和受让人应当签订转让协议，并共同向商标局提出申请。受让人应当保证使用该注册商标的商品质量。

转让注册商标的，商标注册人对其在同一种商品上注册的近似的商标，或者在类似商品上注册的相同或者近似的商标，应当一并转让。

对容易导致混淆或者有其他不良影响的转让，商标局不予核准，书面通知申请人并说明理由。

转让注册商标经核准后，予以公告。受让人自公告之日起享有商标专用权。

第四十三条 商标注册人可以通过签订商标使用许可合同，许可他人使用其注册商标。许可人应当监督被许可人使用其注册商标的商品质量。被许可人应当保证使用该注册商标的商品质量。

经许可使用他人注册商标的，必须在使用该注册商标的商品上标明被许可人的名称和商品产地。

许可他人使用其注册商标的，许可人应当将其商标使用许可报商标局备案，由商标局公告。商标使用许可未经备案不得对抗善意第三人。

最高人民法院《关于审理涉及计算机网络域名民事纠纷案件适用法律若干问题的解释》第四条 人民法院审理域名纠纷案件，对符合以下各项条件的，应当认定被告注册、使用域名等行为构成侵权或者不正当竞争：

（一）原告请求保护的民事权益合法有效；

（二）被告域名或其主要部分构成对原告驰名商标的复制、模仿、翻译或音译；或者与原告的注册商标、域名等相同或近似，足以造成相关公众的误认；

（三）被告对该域名或其主要部分不享有权益，也无注册、使用该域名的正当理由；

（四）被告对该域名的注册、使用具有恶意。

《中华人民共和国专利法》第六条 执行本单位的任务或者主要是利用本单位的物质技术条件所完成的发明创造为职务发明创造。职务发明创造申请专利的权利属于该单位，申请被批准后，该单位为专利权人。该单位可以依法处置其职务发明创造申请专利的权利和专利权，促进相关发明创造的实施和运用。

非职务发明创造，申请专利的权利属于发明人或者设计人；申请被批准后，该发明人或者设计人为专利权人。

利用本单位的物质技术条件所完成的发明创造，单位与发明人或者设计人订有合同，对申请专利的权利和专利权的归属作出约定的，从其约定。

第二十三条 授予专利权的外观设计，应当不属于现有设计；也没有任何单位或者个人就同样的外观设计在申请日以前向国务院专利行政部门提出过申请，并记载在申请日以后公告的专利文件中。

授予专利权的外观设计与现有设计或者现有设计特征的组合相比，应当具有明显区别。

授予专利权的外观设计不得与他人在申请日以前已经取得的合法权利相冲突。

本法所称现有设计，是指申请日以前在国内外为公众所知的设计。

第六十四条 发明或者实用新型专利权的保护范围以其权利要求的内容为准，说明书及附图可以用于解释权利要求的内容。

外观设计专利权的保护范围以表示在图片或者照片中的该产品的外观设计为准，简要说明可以用于解释图片或者照片所表示的该产品的外观设计。

第七十五条 有下列情形之一的，不视为侵犯专利权：

（一）专利产品或者依照专利方法直接获得的产品，由专利权人或者经其许可的单位、个人售出后，使用、许诺销售、销售、进口该产品的；

（二）在专利申请日前已经制造相同产品、使用相同方法或者已经作好制造、使用的必要准备，并且仅在原有范围内继续制造、使用的；

（三）临时通过中国领陆、领水、领空的外国运输工具，依照其所属国同中国签订的协议或者共同参加的国际条约，或者依照互惠原则，为运输工具自身需要而在其装置和设备中使用有关专利的；

（四）专为科学研究和实验而使用有关专利的；

（五）为提供行政审批所需要的信息，制造、使用、进口专利药品或者专利医疗器械的，以及专门为其制造、进口专利药品或者专利医疗器械的。

第七章

企业如何防控人力资源法律风险

一、企业招聘员工时应注意哪些问题

企业的发展和壮大离不开员工的努力与付出，初创企业要想发展壮大，首先就要快速、准确地招聘到一批优秀的人才。创业者了解员工招聘和管理方面的法律制度，不仅能够利用相关劳动法律法规留住人才，而且有助于建立完善的员工管理制度，确保不会因对员工管理不善而给企业造成损失。招聘是组建团队的第一步，在招聘过程中不仅要挑选出合适的员工，企业还应当特别注意以下问题：

第一，企业应如实将工作岗位的相关情况告知劳动者。根据《中华人民共和国劳动合同法》（以下简称《劳动合同法》）第8条的规定，用人单位招用劳动者时，应当如实告知劳动者工作内容、工作条件、工作地点、职业危害、安全生产状况、劳动报酬，以及劳动者要求了解的其他情况。用人单位在招聘时应对劳动者进行告知，在与劳动者订立合同时更应当履行告知义务，如果因企业故意不告知或故意隐瞒使劳动者签订劳动合同的，可能导致该劳动合同无效或部分无效，用人单位也将面临支付经济补偿金或赔偿金的法律后果。

第二，劳动者应当如实向企业告知其与劳动合同直接相关的基本信息。劳动者可能会提供虚假的个人信息，如虚假的学历、虚假的工作经历、伪造的职业资格证书等，使企业在招聘过程中被蒙蔽。因此，用人单位不仅应在招聘中更加认真和细致地核实劳动者的身份信息，还可以制作入职登记表，列明企业需要员工回答的问题，由劳动者如实填写并签名。日后如果用人单位发现劳动者有填写虚假信息或者故意隐瞒某些重要信息的情况，可以与其解除劳动关系。

第三，企业发布的招聘信息中不应出现就业歧视的相关内容。例如，不应对劳动者的民族、种族、性别、宗教信仰、户籍、地域等进行限制；如果不是特定岗位，也不应对应聘人员的身高、性别、年龄等自然属性进行限制。平等就业权是宪法确立的公民的平等权在就业领域的具体体现。除上述限制外，实践中还存在用人单位以劳动者是传染病病原携带者为由拒绝录用的情形。根据《中华人民共和国就业促进法》（以下简称《就业促进法》）第 30 条的规定，除非从事的是法律、行政法规和国务院卫生行政部门规定禁止从事的易使传染病扩散的工作，否则用人单位招用人员，不得以是传染病病原携带者为由拒绝录用。企业存在就业歧视的，劳动者可以向人民法院提起诉讼，企业可能会因此被判令向劳动者支付赔偿金。

第四，企业不应招用尚未解除劳动合同的劳动者。有些企业因急于用工，会招用在其他单位尚未离职的劳动者，这种行为会极大地增加企业的劳动法律风险。根据《劳动合同法》第 91 条的规定，用人单位招用与其他用人单位尚未解除或者终止劳动合同的劳动者，给其他用人单位造成损失的，应当承担连带赔偿责任。1995 年原劳动部发布的《违反〈劳动法〉有关劳动合同规定的赔偿办法》第 6 条规定，向原用人单位赔偿的损失包括对生产、经营和工作造成的直接经济损失以及因获取商业秘密给原用人单位造成的经济损失。因此，用人单位在招聘劳动者时，应特别注意审查劳动者是否与其他用人单位解除或终止了劳动合同，最好要求劳动者提供原用人单位出具的解除或终止劳动合同的证明材料，或者用人单位也可以主动做一些前期调查，如核实劳动者的社保账户是否还由原单位正常缴费，如果还在正常缴费，说明该劳动者可能还未与原单位解除劳动关系，对这类劳动者尽量不予录用，或在该劳动者解除劳动关系后再录用。

二、企业的规章制度如何做到合法有效

国有国法，家有家规。每个企业都有自己的规矩，企业的规章制度就是其规矩的书面体现。用人单位有权制定内部的规章制度，并依照这些内部规定对员工进行管理，与企业建立劳动关系的劳动者均应遵守企业的规章制度。企业的规章制度不仅是企业管理员工的依据，而且是劳动合同的补充。在用人单位与劳动者的劳动争议纠纷中，双方还可以依据企业的规章制度来确定双方的权利义务。那么，什么样的规章制度才是合法有效的呢？根据《劳动合同法》第 4 条及最高人民法院《关于审理劳动争议案件适用法律问题的解释（一）》第 50 条的规定，企业的规章制度合法有效应符合以下三点要求：

第一，规章制度的制定需要经过民主程序表决。所谓“民主程序”是指用人单位在制定、修改或者决定有关劳动报酬、工作时间、休息休假、劳动安全卫生、保险福利、职工培训、劳动纪律以及劳动定额管理等直接涉及劳动者切身利益的规章制度或者重大事项时，应当经职工代表大会或者全体职工讨论，提出方案和意见，与工会或者职工代表平等协商确定。实践中，很多企业在制定内部规章制度时，经领导商议后就直接决定，这在程序上是有瑕疵的。因此，这里要特别提醒，如果企业规章制度的制定程序没有经过民主程

序表决，会直接导致规章制度无效。

第二，规章制度必须向员工明示之后才能生效。用人单位应当将直接涉及劳动者切身利益的规章制度和重大事项决定公示，或者告知劳动者，没有告知劳动者的规章制度视为无效。实践中，很多用人单位通过组织员工进行培训、发放员工手册、直接在劳动合同中约定、入职登记表中列出声明条款等方式将规章制度告知员工，这些都是可行的告知方式。也有一些用人单位仅通过口头传达告知员工规章制度，这会导致用人单位在劳动争议中难以举证证明其履行了明示规章制度的义务。

第三，规章制度的内容不得违反国家法律、行政法规及政策的规定。审查规章制度的合法性是法院审理劳动争议案件的重要事项之一，因此，企业规章制度的内容应当合法，不得同现行法律法规抵触。实践中，很多公司的规章制度是明显违反法律法规的。例如，对员工试用期的规定超过了《劳动合同法》规定的最长 6 个月，或要求员工先试用后签劳动合同等，这些内容即使经过了公示，也不能作为认定劳资双方权利义务的依据。规章制度的内容不仅要合法，还要合理，符合社会道德。有些规章制度虽然并不违反法律法规的规定，但不合理、不适当，比如一些企业在规章制度中要求员工在工作时间只能上几次厕所，每次不超过多长时间，或吃饭不得超过多长时间等，明显是不合情理的。这些过于严苛或明显违反公序良俗的条款都有可能被法院认定无效。

三、企业与劳动者签订劳动合同时应注意哪些问题

签订劳动合同是用人单位与劳动者确立劳动关系最重要的一步，一份合法有效的劳动合同，能够明确劳动者与用人单位的权利义务，有助于降低日后发生劳动纠纷的风险。

1. 劳动合同有哪些种类

劳动合同的期限是劳动合同的必备条款之一，根据劳动合同期限的不同，《劳动合同法》将劳动合同分为固定期限劳动合同、无固定期限劳动合同和以完成一定工作任务为期限的劳动合同。

固定期限劳动合同，是指用人单位与劳动者约定合同终止时间的劳动合同。企业与劳动者可以根据工作需要和实际情况约定劳动合同的期限，如约定 1 年、2 年或 5 年、10 年，甚至更长时间，只要起始时间和终止时间确定就是固定期限的劳动合同。劳动合同期限届满，劳动关系即告终止，如果双方协商一致，还可续订劳动合同，延长期限。

无固定期限劳动合同，是指用人单位与劳动者约定无确定终止时间的劳动合同。该类合同只约定了起始日期，没有约定明确的终止时间。根据《劳动合同法》第 14 条第 2 款、第 3 款的规定，用人单位与劳动者协商一致，可以订立无固定期限劳动合同。有下列情形之一，劳动者提出或者同意续

订、订立劳动合同的，除劳动者提出订立固定期限劳动合同外，应当订立无固定期限劳动合同：（1）劳动者在该用人单位连续工作满10年的；（2）用人单位初次实行劳动合同制度或者国有企业改制重新订立劳动合同时，劳动者在该用人单位连续工作满10年且距法定退休年龄不足10年的；（3）连续订立二次固定期限劳动合同，且劳动者没有《劳动合同法》第39条和第40条第1项、第2项规定的情形，续订劳动合同的。用人单位自用工之日起满1年不与劳动者订立书面劳动合同的，视为用人单位与劳动者已订立无固定期限劳动合同。

以完成一定工作任务为期限的劳动合同，是指用人单位与劳动者约定以某项工作的完成为合同期限的劳动合同。这类合同的期限随该项工作任务的完成情况而确定。

很多人对无固定期限的劳动合同缺乏正确的认识，认为一旦订立了该类合同就不能解除，因此，很多劳动者想要签订无固定期限的劳动合同，而用人单位则将该类劳动合同视为一个“终身包袱”，想方设法躲避签订无固定期限劳动合同的法律义务。实际上，相对于固定期限的劳动合同，无固定期限劳动合同更具有稳定性，因为订立了该种劳动合同的劳动者可以长期在一个固定的部门工作，这对于专业性、技术性、保密性较强，需要保持人员稳定的岗位来说，有利于降低因岗位频繁调换人员给企业带来的损失，更有利于劳动者钻研和提升业务能力，为企业创造更大的产值。无固定期限劳动合同并非不能解除，在符合法律法规规定的解除条件下，如《劳动合同法》第39条规定的在试用期间被证明不符合录用条件、劳动者严重违反用人单位的规章制度等情形下，用人单位可以解除劳动合同，并且这类解除用人单位无须向劳动者支付补偿金。除法定解除条件下，用人单位和劳动者也可以约定无固定期限劳动合同的解除条件，但用人单位根据约定条件解除劳动合同的，应向劳动者支付相应的经济补偿金。

2. 企业如何拟定劳动合同

劳动合同的条款可以由劳动者与用人单位协商后确定。根据《劳动合同法》第17条第1款的规定，劳动合同应当具备以下条款：（1）用人单位的名称、住所和法定代表人或者主要负责人；（2）劳动者的姓名、住址和居民身份证或者其他有效身份证件号码；（3）劳动合同期限；（4）工作内容和工作地点；（5）工作时间和休息休假；（6）劳动报酬；（7）社会保险；（8）劳动保护、劳动条件和职业危害防护；（9）法律、法规规定应当纳入劳动合同的其他事项。

上述条款中，工作内容和工作地点及劳动报酬的条款尤为重要，一旦在劳动合同中约定好后，用人单位不能随意调整。根据公司发展的需要及员工自身工作能力情况，用人单位可以发挥劳动用工自主权，对员工进行调岗或减薪，但这种调整需要有充分的合理性。公司要变更劳动者的工作内容或薪酬待遇，应当与劳动者协商一致，并以书面形式变更劳动合同，否则劳动者可以依据《劳动合同法》第 38 条第 1 款第 1 项或第 2 项的规定，以企业未按照劳动合同约定提供劳动保护或者劳动条件，或未及时足额支付劳动报酬为由，主张单方解除劳动合同，并要求企业支付经济补偿金。劳动者不能胜任原岗位的，企业可以调整其工作岗位，但企业应当有充分的证据予以证明。企业最好在其规章制度中提前制定好岗位职责说明，完善对员工工作能力的考核标准，并做到让员工知晓。对因患病或非因工负伤的劳动者，在规定的医疗期内，用人单位无权另行安排劳动者工作，医疗期满后无法从事原工作的，用人单位才可以调整其工作岗位。

除上述必备条款外，试用期条款在劳动合同中也比较常见。根据《劳动合同法》第 19 条的规定，劳动合同期限 3 个月以上不满 1 年的，试用期不得超过 1 个月；劳动合同期限 1 年以上不满 3 年的，试用期不得超过 2 个月；3 年以上固定期限和无固定期限的劳动合同，试用期不得超过 6 个月。同一用人单位与同一劳动者只能约定一次试用期。以完成一定工作任务为期限的劳动合同或者劳动合同期限不满 3 个月的，不得约定试用期。试用期包含在劳动合同期限内。劳动合同仅约定试用期的，试用期不成立，该期限为劳动合同期限。《劳动合同法》第 20 条规定，劳动者在试用期的工资不得低于本单位相同岗位最低档工资或者劳动合同约定工资的 80%，并不得低于用人单位所在地的最低工资标准。此外，用人单位与劳动者还可以根据实际工作情况约定培训、保守秘密、补充保险和福利待遇等其他事项。实践中，有些企业为了自身利益，会在劳动合同中写入一些不合法的条款，劳动者对此也知情且同意，那么，这些条款有效吗？例如，有些企业会要求员工在入职后几年内不得结婚、不得生子、女职工怀孕后视为自动离职等，这些条款明显违反了《宪法》《民法典》等相关法律法规的规定，尽管很多劳动者为了获得工作机会，即使明知仍选择接受，但这并不能排除这些条款的违法性，也会给企业带来巨大的法律风险。根据《劳动合同法》第 26 条第 1 款第 3 项的规定，违反法律、行政法规强制性规定的劳动合同无效或者部分无效。当劳动合同被确认无效后，用人单位还应向劳动者支付赔偿金。

3. 不签订或不及时签订劳动合同会产生哪些法律后果

根据《劳动合同法》第 10 条第 1 款的规定，建立劳动关系，应当订立书面劳动合同。需要特别注意的是，用人单位与劳动者的劳动关系并不以是否签订劳动合同为必要条件。劳动关系是用人单位与劳动者之间依法确立的双方在劳动关系中的权利义务关系，具体来说，劳动者在劳动时间内提供劳动，用人单位使用该劳动并按照约定支付工资。《劳动合同法》第 7 条规定，用人单位自用工之日起即与劳动者建立劳动关系。用人单位应当建立职工名册备查。由此可见，是否签订劳动合同并不影响劳动关系的成立。已建立劳动关系未同时订立书面劳动合同的，应当自用工之日起1个月内订立书面劳动合同。用人单位与劳动者在用工前订立劳动合同的，劳动关系自用工之日起建立。用人单位不签订或者不及时签订劳动合同，将会产生以下后果：

第一，需向劳动者每月支付双倍工资。根据《劳动合同法》第82条的规定，用人单位自用工之日起超过1个月不满1年未与劳动者订立书面劳动合同的，应当向劳动者每月支付2倍的工资。用人单位违反《劳动合同法》规定不与劳动者订立无固定期限劳动合同的，自应当订立无固定期限劳动合同之日起向劳动者每月支付2倍的工资。

第二，无法约定试用期。对新招入的员工，不签劳动合同就无法约定试用期，这就意味着用人单位不能以试用不合格为由辞退劳动者。

第三，不利于稳定员工队伍。由于用人单位与劳动者没有签订劳动合同，员工可以说走就走，不需要提前1个月提交离职报告，也无须承担法律责任，参加了技术培训的人员也不用承担培训费用。

第四，可能导致视为企业与劳动者签订无固定期限劳动合同。根据《劳动合同法》第14条第3款的规定，用人单位自用工之日起满1年不与劳动者订立书面劳动合同的，视为用人单位与劳动者已订立无固定期限劳动合同。这对企业来说是相当不利的。

第五，不能免除为劳动者缴纳各项社保费用的义务。部分企业一直拖延与劳动者签订劳动合同，目的就是逃避帮助劳动者缴纳社保费用的义务，但根据《劳动合同法》的规定，用人单位有为劳动者缴纳社会保险费用的义务，履行该义务的前提是劳动者与用人单位间存在劳动关系，而不是签订了劳动合同。

第六，不利于保护商业秘密和对员工进行竞业限制。为保护企业的商业秘密及竞争优势，用人单位与劳动者可以在劳动合同中约定保守用人单位的商业秘密和与知识产权相关的保密事项。对负有保密义务的劳动者还可以约定竞业限制。如果未签订劳动合同，用人单位就难以对劳动者进行有效约束，在劳动者违反保密及竞业限制的约定时，企业也难以获得劳动者的赔偿。

第七，导致企业在劳动争议中处于被动地位。如果是因企业的原因导致没有签订劳动合同的，一旦发生劳动争议，可能会给企业带来很多不利后果。

除因企业原因导致未与劳动者签订劳动合同的情形外，实践中，劳动者拒绝签订劳动合同的情形也屡见不鲜。部分劳动者认为签了劳动合同就等于签了“卖身契”，还有一些劳动者想借不签劳动合同获取2倍工资等。针对这些情形，用人单位如果不能采取应对措施，将会给企业带来损失。《中华人民共和国劳动合同法实施条例》第5条规定：“自用工之日起一个月内，经用人单位书面通知后，劳动者不与用人单位订立书面劳动合同的，用人单位应当书面通知劳动者终止劳动关系，无需向劳动者支付经济补偿，但是应当依法向劳动者支付其实际工作时间的劳动报酬。”由此可知，用人单位应按照上述规定，在用工后 1 个月内“书面通知”劳动者，劳动者拒绝签订书面合同的，用人单位应当及时终止劳动关系，避免形成事实用工。

四、劳动合同中如何约定劳动者的保密义务和竞业限制

在某些特殊行业或领域，为保护本单位的商业秘密，保持同行业的竞争优势，很多企业会与劳动者在劳动合同中约定保密条款和竞业限制条款，或与劳动者单独签订保密协议和竞业限制协议。《劳动合同法》第 23 条也赋予了用人单位与劳动者约定保密义务和竞业限制的权利。

1. 如何约定保密义务

为了保护商业秘密，用人单位一般会同企业的高管、主要员工、技术骨干等签订保密协议。尽管每一位企业员工都有为公司保密的义务，但通过签订保密协议，可以对员工在保密的内容、范围、期限、违约责任等方面作出更加细致和有针对性的约定，如果签订保密协议的员工泄露了企业的商业秘密，用人单位就可据此追偿。当然，对于员工的泄密行为，用人单位应承担举证责任。对“商业秘密”的认定主要是依据《反不正当竞争法》。根据《反不正当竞争法》的规定，商业秘密是指不为公众所知悉、具有商业价值并经权利人采取相应保密措施的技术信息、经营信息等商业信息。商业秘密不仅关系到企业的竞争力，甚至可能影响企业的生存，因此，企业与劳动者约定保密事项是至关重要的。但签订保密协议的主体应限定在可能会掌握商业秘密的员工，而不是

所有员工，当然，那些不在保密岗位和技术岗位但因工作原因有可能获悉企业商业秘密的普通员工，也应列入保密主体。用人单位在与内部涉密人员签订的保密协议或者劳动合同的保密条款中，应当明确保密的具体范围，尤其对于企业的核心机密应当特别注明，并警示泄密员工除承担民事责任外还可能承担刑事责任。此外，尽管根据《劳动合同法》的规定，用人单位不得与需要承担保密义务的员工约定其违反保密义务时应支付违约金，但用人单位可以要求其承担因泄密给企业造成损失的责任。

2. 如何约定竞业限制

竞业限制是用人单位要求劳动者在终止或解除劳动合同后的一定期限内不得到生产同类产品、经营同类业务或有其他竞争关系的其他用人单位任职，也不得自己生产与原单位有竞争关系的同类产品或经营同类业务。竞业限制条款在劳动合同中为延迟生效条款，也就是说，劳动合同的其他条款法律约束力终结后，该条款开始生效。该条款并不是劳动合同的必备条款，但它是企业保护商业秘密的有效方式，因此，很多企业特别是技术类企业在与劳动者签订劳动合同时都会约定竞业限制条款。应当注意的是，约定竞业限制条款必须严格依照法律的规定，明确竞业限制的期限和义务、经济补偿标准、经济补偿的支付及条款解除的条件等，否则不仅达不到保护商业秘密的目的，还可能使企业陷入支付高额经济补偿金的危险。

第一，关于竞业限制人员及地域范围的约定。根据《劳动合同法》的规定，竞业限制的人员限于用人单位的高级管理人员、高级技术人员和其他负有保密义务的人员。竞业限制的期限可以由用人单位和劳动者协商确定，但最长不得超过两年，超过两年的，超过部分无效。在竞业限制期限内，用人单位应当按月给予劳动者经济补偿，劳动者违反竞业限制约定的，应当向用人单位支付违约金。由于竞业限制的约定以用人单位支付相应的补偿金为代价，因此，在竞业限制期内，用人单位可以向法院申请解除竞业限制协议。在解除竞业限制协议时，劳动者可以请求用人单位额外支付劳动者3个月的竞业限制经济补偿。竞业限制的区域同样由用人单位和劳动者协商确定，但不能超出合理的范围。通常在约定区域时应当考虑其目前以及将来的业务区域范围，竞业限制的区域范围应当以与公司形成实际竞争关系的地域为限，不能无限度地扩大。

第二，关于竞业限制经济补偿的约定。实践中，有些用人单位在劳动合同或保密协议中仅约定竞业限制条款，但未约定经济补偿，该约定并非当然无效。根据最高人民法院《关于审理劳动争议案件适用法律问题的解释（一）》第36条的规定，当事人在劳动合同或者保密协议中约定了竞业限制，但未约定解除或者终止劳动合同后给予劳动者经济补偿，劳动者履行了竞业限制义务，要求用人单位按照劳动者在劳动合同解除或者终止前12个月平均工资的30%按月支付经济补偿的，人民法院应予支持。这里规定的月平均工资的30%低于劳动合同履行地最低工资标准的，按照劳动合同履行地最低工资标准支付。如果双方在竞业限制条款中约定了经济补偿，但用人单位不愿意支付补偿金的，则当然无权要求员工履行竞业限制义务，在员工违反了竞业限制条款后也无权要求其支付违约金。因用人单位的原因导致3个月未支付经济补偿，劳动者可以请求解除竞业限制约定。另外，关于补偿金的支付方式，法律没有明确规定。实践中，有的用人单位在劳动者在职期间就提前每月支付了补偿金，也有的是在劳动者离职时一次性支付了补偿金，这些方式都属于有效的支付方式，劳动者只要接受了这种支付方式，在离职时就要遵守关于竞业限制的规定。

第三，关于违约金的约定。根据《劳动合同法》的规定，用人单位在劳动者违反竞业限制约定的情况下，可以与劳动者约定由其承担违约金，但违约金数额没有明确的限制规定。很多用人单位利用其在劳动力市场上的优势地位，在订立协议时约定了较高的违约金数额，由此引发了较多劳动争议纠纷。竞业限制条款中对违约金的约定应当控制在一个合理的范围内，违约金约定过高或过低的，劳动争议仲裁机构及人民法院可以根据公平原则进行相应调整。此外，劳动者违反竞业限制约定，向用人单位支付违约金后，用人单位仍可以要求劳动者按照约定继续履行竞业限制义务。

五、对女职工的“三期”应注意哪些问题

女职工的“三期”是指女职工的三个特殊时期：孕期、产期和哺乳期。在这三个特殊时期，女性的身体及其各项机能会承受较大负荷，需要给予更多的保护。为保护处于“三期”的女职工，我国的劳动法律中规定了一些倾向性的保护措施。

1.“三期”女职工依法享受哪些特殊保护

依据我国《劳动法》的规定，女职工在“三期”内享受以下特殊保护：

（1）女职工孕期的保护。《女职工劳动保护特别规定》第6条规定，女职工在孕期不能适应原劳动的，用人单位应当根据医疗机构的证明，予以减轻劳动量或者安排其他能够适应的劳动。对怀孕7个月以上的女职工，用人单位不得延长劳动时间或者安排夜班劳动，并应当在劳动时间内安排一定的休息时间。怀孕女职工在劳动时间内进行产前检查，所需时间计入劳动时间。

（2）女职工产假的规定。女职工的产假包括基础产假，因难产、多胞胎增加的产假以及各地的奖励产假等。《女职工劳动保护特别规定》第7条规定，女职工生育享受98天产假，其中产前可以休假15天；难产的，增加产假15天；生

育多胞胎的，每多生育1个婴儿，增加产假15天。产前休假15天的规定并不是强制性规定，产假的休假时间以职工自主申请为准。在基础产假的基础上，各地还制定或修订了地方人口与计划生育的相关规定，均不同程度地增加了女性的产假时长，目前最长的产假可延长为1年，短的也有128天。女职工怀孕未满4个月流产的，享受15天产假；怀孕满4个月流产的，享受42天产假。此外，各地还规定了不同时长的男职工陪产假。

（3）女职工哺乳期的保护。《女职工劳动保护特别规定》第9条规定，对哺乳未满1周岁婴儿的女职工，用人单位不得延长劳动时间或者安排夜班劳动。用人单位应当在每天的劳动时间内为哺乳期女职工安排1小时哺乳时间；女职工生育多胞胎的，每多哺乳1个婴儿每天增加1小时哺乳时间。

2. 用人单位是否可以解除或终止与“三期”女职工的劳动合同

部分用人单位认为只要女职工处在“三期”，就不可以解除其劳动合同，其实这种认识是存在误区的。尽管根据《劳动合同法》第42条的规定，用人单位不得因女职工在孕期、产期、哺乳期而单方解除劳动合同，但该条规定是有限制的，即用人单位不得以“非过失性辞退”和“经济性裁员”为由解除劳动合同。如果女职工符合过失性辞退的条件的，用人单位可以单方解除“三期”女职工的劳动关系，且不支付经济补偿金。《劳动合同法》第39条规定，劳动者有下列情形之一的，用人单位可以解除劳动合同：（1）在试用期间被证明不符合录用条件的；（2）严重违反用人单位的规章制度的；（3）严重失职，营私舞弊，给用人单位造成重大损害的；（4）劳动者同时与其他用人单位建立劳动关系，对完成本单位的工作任务造成严重影响，或者经用人单位提出，拒不改正的；（5）因《劳动合同法》第26条第1款第1项规定的情形致使劳动合同无效的；（6）被依法追究刑事责任的。例如，某公司女职工王某正处在哺乳期，但已回到岗位开始工作。工作期间，王某多次找人代打卡，违反考勤管理制度，此外，王某还未按规定履行请假审批手续，连续旷工5次，严重违反了公司规章制度。在这种情况下，尽管王某处于哺乳期，公司仍可以解除与王某的劳动合同。当然，如果是“三期”女职工自愿辞职的，则不受该条限制。

六、企业是否必须要为员工购买社会保险

《中华人民共和国社会保险法》（以下简称《社会保险法》）第58条第1款规定，用人单位应当自用工之日起30日内为其职工向社会保险经办机构申请办理社会保险登记。《劳动合同法》第38条第1款第3项将用人单位“未依法为劳动者缴纳社会保险费的”作为劳动者可以解除劳动合同的情形之一。由此可见，为公司员工购买社会保险是企业的一项法定义务。

1. 企业与员工缴纳社会保险费用的范围如何分配

我国缴纳社会保险的范围包括基本养老保险、基本医疗保险、失业保险、工伤保险、生育保险等。基本养老保险，是指劳动者因达到法定退休年龄或其他原因退出劳动岗位后，从政府和社会得到一定经济补偿的一项社会保险制度；基本医疗保险，是指为补偿劳动者因疾病风险造成的经济损失而建立的一项社会保险制度；工伤保险，是指劳动者在工作中或在规定的特殊情况下，遭受意外伤害或患职业病导致暂时或永久丧失劳动能力以及死亡时，劳动者或其遗属从国家和社会获得物质帮助的一种社会保险制度。按照《社会保险法》的规定，职工的基本养老保险、基本医疗保险、失业保险由职工与用人单位按照国家规定共同缴纳社会保险费；工

伤保险、生育保险则由用人单位缴纳保险费，职工不缴纳。

2. 公司违反《社会保险法》将承担哪些法律责任

根据《社会保险法》的规定，用人单位不办理社会保险登记的，由社会保险行政部门责令限期改正；逾期不改正的，对用人单位处应缴社会保险费数额 1 倍以上 3 倍以下的罚款，对其直接负责的主管人员和其他直接责任人员处 500 元以上 3000 元以下的罚款。用人单位未按时足额缴纳社会保险费的，由社会保险费征收机构责令限期缴纳或者补足，并自欠缴之日起，按日加收 5‰的滞纳金；逾期仍不缴纳的，由有关行政部门处欠缴数额 1 倍以上 3 倍以下的罚款。此外，公司未依法为员工缴纳社会保险费的，员工可以要求解除劳动合同并要求公司支付经济补偿金。

用人单位逾期未缴纳或者补足社会保险费的，社会保险费征收机构可以向银行和其他金融机构查询其存款账户；并可以申请县级以上有关行政部门作出划拨社会保险费的决定，书面通知其开户银行或者其他金融机构划拨社会保险费。用人单位账户余额少于应当缴纳的社会保险费的，社会保险费征收机构可以要求该用人单位提供担保，签订延期缴费协议。用人单位未足额缴纳社会保险费且未提供担保的，社会保险费征收机构可以申请人民法院扣押、查封、拍卖其价值相当于应当缴纳社会保险费的财产，以拍卖所得抵缴社会保险费。

七、如何认定工伤

工伤是与工作有关系的人身伤亡，根据《工伤保险条例》的相关规定，工伤的认定主要看劳动者受到的伤害是否为在工作时间、工作地点因工作原因所受到的伤害。当员工因工伤事故受伤或死亡后，工伤保险会向员工及家属赔偿一定的费用，但如果用人单位没有为其购买工伤保险，则在员工发生工伤后，需要向受伤员工支付与工伤保险等额的补偿。

1. 工伤事故的范围有哪些

根据《工伤保险条例》第 14 条的规定，职工有下列情形之一的，应当认定为工伤：（1）在工作时间和工作场所内，因工作原因受到事故伤害的；（2）工作时间前后在工作场所内，从事与工作有关的预备性或者收尾性工作受到事故伤害的；（3）在工作时间和工作场所内，因履行工作职责受到暴力等意外伤害的；（4）患职业病的；（5）因工外出期间，由于工作原因受到伤害或者发生事故下落不明的；（6）在上下班途中，受到非本人主要责任的交通事故或者城市轨道交通、客运轮渡、火车事故伤害的；（7）法律、行政法规规定应当认定为工伤的其他情形。

根据《工伤保险条例》第 15 条的规定，职工有下列情形之一的，视同工伤：（1）在工作时间和工作岗位，突发疾病死亡或者在48小时之内经抢救无效死亡的；（2）在抢险救灾等维护国家利益、公共利益活动中受到伤害的；（3）职工原在军队服役，因战、因公负伤致残，已取得革命伤残军人证，到用人单位后旧伤复发的。职工有上述第1项、第2项情形的，按照《工伤保险条例》的有关规定享受工伤保险待遇；职工有上述第3项情形的，按照《工伤保险条例》的有关规定享受除一次性伤残补助金以外的工伤保险待遇。

职工虽然符合上述被认定为工伤或者视同工伤的情形，但是存在下列情形之一的，不得认定为工伤或者视同工伤：（1）故意犯罪的；（2）醉酒或者吸毒的；（3）自残或者自杀的。

需要说明的是，在“视同工伤”的三种情形中，前两种情形享受工伤保险待遇，第三种情形按照有关规定享受除一次性伤残补助金以外的工伤保险待遇。此外，对工伤的认定适用无过错责任原则，即不以劳动者是否存在过错为认定工伤的要件，除《工伤保险条例》第16条规定的三种情形外，劳动者受到的各种工伤事故，即使是因自身过错导致受伤的，均应当认定为工伤。例如，进入工地未佩戴安全帽、未按照操作规程使用机械设备等都不影响工伤的认定。

2. 处理工伤要经过哪些流程

按照《工伤保险条例》的规定，工伤事故的处理需要经过工伤认定、工伤申报、工伤鉴定、工伤理赔四个流程，如

图 7－1 所示：

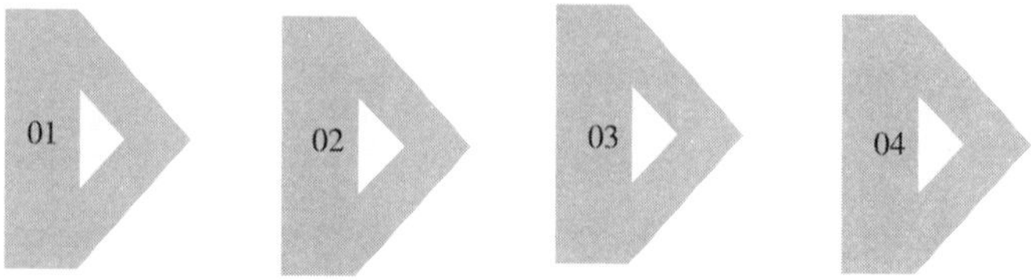

工伤认定	工伤申报	工伤鉴定	工伤理赔
发生工伤事故后，用人单位应对受伤的员工进行治疗，如果伤情严重，应当立即送医治疗，并准备资料进行工伤认定	自事故伤害发生之日起30日内，向社会保险行政部门提出工伤认定申请。用人单位未按规定申请的，工伤职工或者其近亲属、工会组织可以在事故伤害发生之日起1年内，自行提出工伤认定申请	职工发生工伤，经治疗伤情相对稳定后存在残疾、影响劳动能力的，应当进行劳动能力鉴定。由用人单位、工伤职工或者其近亲属向设区的市级劳动能力鉴定委员会提出劳动能力鉴定申请，并提供工伤认定决定和职工工伤医疗的有关资料	用人单位根据鉴定结论，进行相应的理赔，并对职工的后续工作作出安排

图 7－1　工伤事故的处理流程

3. 工伤后可以享受哪些工伤待遇

职工发生工伤事故后，可以享受以下工伤待遇：

（1）治疗费用。职工治疗工伤应当在签订服务协议的医疗机构就医，情况紧急时可以先到就近的医疗机构急救。医疗待遇包括医疗费用、康复费用及辅助器具费用。这些费用符合工伤保险诊疗项目目录、工伤保险药品目录、工伤保险住院服务标准等目录要求的，由工伤保险基金支付。目录之外的项目，由劳动者自行承担。

（2）停工留薪待遇。职工因工作遭受事故伤害或者患职业病需要暂停工作接受工伤医疗的，在停工留薪期内，原工资福利待遇不变，由所在单位按月支付。

停工留薪期一般不超过12个月。伤情严重或者情况特殊，经设区的市级劳动能力鉴定委员会确认，可以适当延长，但延长不得超过12个月。工伤职工评定伤残等级后，停发原待遇，享受伤残待遇。工伤职工在停工留薪期满后仍需治疗的，继续享受工伤医疗待遇。生活不能自理的工伤职工在停工留薪期需要护理的，由所在单位负责。

（3）生活护理费用。生活护理费按照生活完全不能自理、生活大部分不能自理或者生活部分不能自理三个不同等级支付，其标准分别为统筹地区上年度职工月平均工资的50%、40%或者30%。工伤职工已经评定伤残等级并经劳动能力鉴定委员会确认需要生活护理的，从工伤保险基金中按月支付生活护理费。

（4）伤残待遇。职工因工致残被鉴定为一级至四级伤残的，享受一次性伤残补助金、从工伤保险基金中按月支付伤残津贴，工伤职工达到退休年龄并办理退休手续后，停发伤残津贴，按照国家有关规定享受基本养老保险待遇。职工因工致残被鉴定为五级、六级伤残的，从工伤保险基金中按伤残等级支付一次性伤残补助金，保留与用人单位的劳动关系，由用人单位安排适当工作，难以安排工作的，由用人单位按月发给伤残津贴，伤残津贴实际金额低于当地最低工资标准的，由用人单位补足差额。工伤职工提出与用人单位解除或终止劳动关系的，由工伤保险基金支付一次性工伤医疗补助金，由用人单位支付一次性伤残就业补助金。职工因工致残被鉴定为七级至十级伤残的，从工伤保险基金中按伤残等级支付一次性伤残补助金，劳动、聘用合同期满终止，或者职工本人提出解除劳动、聘用合同的，由工伤保险基金支付一次性工伤医疗补助金，由用人单位支付一次性伤残就业补助金。

（5）工亡待遇。职工因工死亡，其直系亲属按照规定从工伤保险基金领取丧葬补助金、供养亲属抚恤金和一次性工亡补助金，伤残职工在停工留薪期内因工伤导致死亡的，其直系亲属享受前三项待遇。

八、如何处理劳动争议

用人单位与劳动者出现劳动争议后的处理方式包括：用人单位与劳动者协商解决、调解、申请劳动仲裁或提起诉讼。用人单位应当根据争议的具体情况，分析各种处理方式的利弊，在圆满解决争议的同时尽量减少对企业的损害。

1. 如何界定劳动争议

劳动争议也称劳动纠纷，是指劳动者与用人单位之间因执行劳动法律、法规和履行劳动合同而发生的纠纷，即劳动者与所在单位之间因劳动关系中的权利义务而发生的纠纷。《中华人民共和国劳动争议调解仲裁法》（以下简称《劳动争议调解仲裁法》）第2条规定："中华人民共和国境内的用人单位与劳动者发生的下列劳动争议，适用本法：（一）因确认劳动关系发生的争议；（二）因订立、履行、变更、解除和终止劳动合同发生的争议；（三）因除名、辞退和辞职、离职发生的争议；（四）因工作时间、休息休假、社会保险、福利、培训以及劳动保护发生的争议；（五）因劳动报酬、工伤医疗费、经济补偿或者赔偿金等发生的争议；（六）法律、法规规定的其他劳动争议。"

2. 如何通过协商与调解解决劳动争议

协商是用人单位和劳动者就争议事项共同商量，消除双方矛盾，找出解决争议的办法。调解则是在争议发生后，当事人向企业劳动争议调解委员会、依法设立的基层人民调解组织及在乡镇、街道设立的具有劳动争议调解职能的组织申请调解，由这些机构组织双方围绕争议的事实，帮助双方达成共识的行为。调解达成协议的，应当制作调解协议书。调解协议书对双方当事人均有约束力，当事人应当履行。根据2022年2月颁布的人力资源社会保障部、最高人民法院《关于劳动人事争议仲裁与诉讼衔接有关问题的意见（一）》的规定，经依法设立的调解组织调解达成的调解协议生效后，当事人可以共同向有管辖权的人民法院申请确认调解协议效力。达成调解协议后，一方当事人在协议约定期限内不履行调解协议的，另一方当事人可以依法申请仲裁。自劳动争议调解组织收到调解申请之日起15日内未达成调解协议的，当事人可以依法申请仲裁。

协商与调解不是解决劳动争议的必经程序，但这两种方式效率较高，也能够阻止矛盾的进一步激化。如果明显是因用人单位的过错导致的争议，则最好与员工协商或调解解决，避免事态扩大。

3. 如何通过劳动仲裁解决劳动争议

劳动仲裁是仲裁制度的一种，它是指由劳动争议仲裁委员会对当事人申请的劳动争议进行居中调解并作出裁决的行为。在我国，劳动仲裁是劳动争议当事人向人民法院提起诉讼的必经程序。劳动争议仲裁不收费。根据《劳动争议调解仲裁法》第 47 条的规定，下列劳动争议，除《劳动争议调解仲裁法》另有规定的外，仲裁裁决为终局裁决，裁决书自作出之日起发生法律效力：（1）追索劳动报酬、工伤医疗费、经济补偿或者赔偿金，不超过当地月最低工资标准 12 个月金额的争议；（2）因执行国家的劳动标准在工作时间、休息休假、社会保险等方面发生的争议。劳动者不服此类裁决的，可以自收到仲裁裁决书之日起 15 日内向人民法院提起诉讼。

用人单位有证据证明《劳动争议调解仲裁法》规定的仲裁裁决有下列情形之一，可以自收到仲裁裁决书之日起 30 日内向劳动争议仲裁委员会所在地的中级人民法院申请撤销裁决：（1）适用法律、法规确有错误的；（2）劳动争议仲裁委员会无管辖权的；（3）违反法定程序的；（4）裁决所根据的证据是伪造的；（5）对方当事人隐瞒了足以影响公正裁决的证据的；（6）仲裁员在仲裁该案时有索贿受贿、徇私舞弊、枉法裁决行为的。人民法院经组成合议庭审查核实裁决有上述规定情形之一的，应当裁定撤销。仲裁裁决被人民法院裁定撤销的，当事人可以自收到裁定书之日起 15 日内就该劳动争议事项向人民法院提起诉讼。

劳动争议由劳动合同履行地或者用人单位所在地的劳动争议仲裁委员会管辖。双方当事人分别向劳动合同履行地和用人单位所在地的劳动争议仲裁委员会申请仲裁的，由劳动合同履行地的劳动争议仲裁委员会管辖。当事人申请劳动仲裁应当在劳动争议仲裁的时效范围内，超过即从当事人知道或者应当知道其权利被侵害之日起1年内，超过时效再申请仲裁的，就丧失了胜诉权。劳动争议申请仲裁的时效期间为1年，仲裁时效期间从当事人知道或者应当知道其权利被侵害之日起计算。劳动关系存续期间因拖欠劳动报酬发生争议的，劳动者申请仲裁不受此仲裁时效期间的限制，但是，劳动关系终止的，应当自劳动关系终止之日起1年内提出。除当事人协议不公开进行或者涉及国家秘密、商业秘密和个人隐私的纠纷外，劳动争议仲裁公开进行。仲裁庭在作出裁决前，应当先行调解。调解达成协议的，由仲裁庭制作调解书。调解书经双方当事人签收后，发生法律效力。调解不成或者调解书送达前，一方当事人反悔的，仲裁庭应当及时作出裁决。仲裁庭裁决劳动争议案件，应当自劳动争议仲裁委员会受理仲裁申请之日起45日内结束。案情复杂需要延期的，经劳动争议仲裁委员会主任批准，可以延期并书面通知当事人，但是延长期限不得超过15日。逾期未作出仲裁裁决的，当事人可以就该劳动争议事项向人民法院提起诉讼。劳动争议仲裁只有一审，仲裁裁决作出并送达后，仲裁程序即告终结。任何一方当事人对劳动争议仲裁案件的裁决不服的，可以自收到仲裁裁决书之日起15日内向人民法院起诉；期满不起诉的，裁决书发生法律效力，当事人对发生法律效力的调解书和裁决书应当依照规定的期限履行。

4. 如何通过诉讼解决劳动争议

根据最高人民法院《关于审理劳动争议案件适用法律问题的解释（一）》第1条的规定，劳动者与用人单位之间发生的下列纠纷，属于劳动争议，当事人不服劳动争议仲裁机构作出的裁决，依法提起诉讼的，人民法院应予受理：（1）劳动者与用人单位在履行劳动合同过程中发生的纠纷；（2）劳动者与用人单位之间没有订立书面劳动合同，但已形成劳动关系后发生的纠纷；（3）劳动者与用人单位因劳动关系是否已经解除或者终止，以及应否支付解除或者终止劳动关系经济补偿金发生的纠纷；（4）劳动者与用人单位解除或者终止劳动关系后，请求用人单位返还其收取的劳动合同定金、保证金、抵押金、抵押物发生的纠纷，或者办理劳动者的人事档案、社会保险关系等移转手续发生的纠纷；（5）劳动者以用人单位未为其办理社会保险手续，且社会保险经办机构不能补办导致其无法享受社会保险待遇为由，要求用人单位赔偿损失发生的纠纷；（6）劳动者退休后，与尚未参加社会保险统筹的原用人单位因追索养老金、医疗费、工伤保险待遇和其他社会保险待遇而发生的纠纷；（7）劳动者因为工伤、职业病，请求用人单位依法给予工伤保险待遇发生的纠纷；（8）劳动者依据《劳动合同法》第85条规定，要求用人单位支付加付赔偿金发生的纠纷；（9）因企业自主进行改制发生的纠纷。

该司法解释第 2 条规定，下列纠纷不属于劳动争议：（1）劳动者请求社会保险经办机构发放社会保险金的纠纷；（2）劳动者与用人单位因住房制度改革产生的公有住房转让纠纷；（3）劳动者对劳动能力鉴定委员会的伤残等级鉴定结论或者对职业病诊断鉴定委员会的职业病诊断鉴定结论的异议纠纷；（4）家庭或者个人与家政服务人员之间的纠纷；（5）个体工匠与帮工、学徒之间的纠纷；（6）农村承包经营户与受雇人之间的纠纷。

劳动争议仲裁申请人撤回仲裁申请后向人民法院起诉的，人民法院应当裁定不予受理；已经受理的，应当裁定驳回起诉。申请人再次申请仲裁的，劳动人事争议仲裁委员会应当受理。

诉讼是解决劳动争议的最终程序，人民法院在审理劳动争议案件时应当适用《民事诉讼法》所规定的诉讼程序，依法处理争议纠纷。劳动争议案件由用人单位所在地或者劳动合同履行地的基层人民法院管辖。劳动合同履行地不明确的，由用人单位所在地的基层人民法院管辖。根据最高人民法院《关于审理劳动争议案件适用法律问题的解释（一）》第 4 条的规定，劳动者与用人单位均不服劳动争议仲裁机构的同一裁决，向同一人民法院起诉的，人民法院应当并案审理，双方当事人互为原告和被告，对双方的诉讼请求，人民法院应当一并作出裁决。在诉讼过程中，一方当事人撤诉的，人民法院应当根据另一方当事人的诉讼请求继续审理。双方当事人就同一仲裁裁决分别向有管辖权的人民法院起诉的，后受理的人民法院应当将案件移送给先受理的人民法院。人民法院审理劳动争议纠纷时也会进行民事调解，如果双方当事人就劳动争议达成协议，法院将制作民事调解书，调解书一经送达当事人立即生效，与判决书具有同等法律效力。如果调解不成，法院应当在规定的时间内作出书面判决。原被告任何一方对判决不服的，可在法定期限内向上级人民法院提起上诉。

法条速递

《中华人民共和国劳动合同法》第四条 用人单位应当依法建立和完善劳动规章制度，保障劳动者享有劳动权利、履行劳动义务。

用人单位在制定、修改或者决定有关劳动报酬、工作时间、休息休假、劳动安全卫生、保险福利、职工培训、劳动纪律以及劳动定额管理等直接涉及劳动者切身利益的规章制度或者重大事项时，应当经职工代表大会或者全体职工讨论，提出方案和意见，与工会或者职工代表平等协商确定。

在规章制度和重大事项决定实施过程中，工会或者职工认为不适当的，有权向用人单位提出，通过协商予以修改完善。

用人单位应当将直接涉及劳动者切身利益的规章制度和重大事项决定公示，或者告知劳动者。

第二十三条 用人单位与劳动者可以在劳动合同中约定保守用人单位的商业秘密和与知识产权相关的保密事项。

对负有保密义务的劳动者，用人单位可以在劳动合同或者保密协议中与劳动者约定竞业限制条款，并约定在解除或者终止劳动合同后，在竞业限制期限内按月给予劳动者经济补偿。劳动者违反竞业限制约定的，应当按照约定向用人单位支付违约金。

第三十八条　用人单位有下列情形之一的，劳动者可以解除劳动合同：

（一）未按照劳动合同约定提供劳动保护或者劳动条件的；

（二）未及时足额支付劳动报酬的；

（三）未依法为劳动者缴纳社会保险费的；

（四）用人单位的规章制度违反法律、法规的规定，损害劳动者权益的；

（五）因本法第二十六条第一款规定的情形致使劳动合同无效的；

（六）法律、行政法规规定劳动者可以解除劳动合同的其他情形。

用人单位以暴力、威胁或者非法限制人身自由的手段强迫劳动者劳动的，或者用人单位违章指挥、强令冒险作业危及劳动者人身安全的，劳动者可以立即解除劳动合同，不需事先告知用人单位。

《工伤保险条例》第二十二条　劳动能力鉴定是指劳动功能障碍程度和生活自理障碍程度的等级鉴定。

劳动功能障碍分为十个伤残等级，最重的为一级，最轻的为十级。

生活自理障碍分为三个等级：生活完全不能自理、生活大部分不能自理和生活部分不能自理。

劳动能力鉴定标准由国务院社会保险行政部门会同国务院卫生行政部门等部门制定。

最高人民法院《关于审理劳动争议案件适用法律问题的解释（一）》第四条　劳动者与用人单位均不服劳动争议仲裁机构的同一裁决，向同一人民法院起诉的，人民法院应当并案审理，双方当事人互为原告和被告，对双方的诉讼请求，人民法院应当一并作出裁决。在诉讼过程中，一方当事人撤诉的，人民法院应当根据另一方当事人的诉讼请求继续审理。双方当事人就同一仲裁裁决分别向有管辖权的人民法院起诉的，后受理的人民法院应当将案件移送给先受理的人民法院。

第五十条 用人单位根据劳动合同法第四条规定，通过民主程序制定的规章制度，不违反国家法律、行政法规及政策规定，并已向劳动者公示的，可以作为确定双方权利义务的依据。

用人单位制定的内部规章制度与集体合同或者劳动合同约定的内容不一致，劳动者请求优先适用合同约定的，人民法院应予支持。

《中华人民共和国社会保险法》第五十八条 用人单位应当自用工之日起三十日内为其职工向社会保险经办机构申请办理社会保险登记。未办理社会保险登记的，由社会保险经办机构核定其应当缴纳的社会保险费。

自愿参加社会保险的无雇工的个体工商户、未在用人单位参加社会保险的非全日制从业人员以及其他灵活就业人员，应当向社会保险经办机构申请办理社会保险登记。

国家建立全国统一的个人社会保障号码。个人社会保障号码为公民身份号码。

第八章

如何避免企业及高管的刑事犯罪

一、企业及高管人员可能面临哪些刑事法律风险

企业面临的刑事法律风险主要是单位犯罪。单位犯罪是指公司、企业、事业单位、机关、团体实施的危害社会的行为，法律规定为单位犯罪的，依法应当承担刑事责任。单位犯罪是一种特殊犯罪，它的主体是单位，包括公司、企业、事业单位、机关及团体，主观上必须是在单位意志支配下，即经单位集体研究决定或由其负责人员决定的，由单位内部成员实施的犯罪，但以下情形不视为单位犯罪：（1）个人为进行违法犯罪活动而设立的公司、企业、事业单位实施犯罪的；（2）公司、企事业单位设立后，以实施犯罪为主要活动的；（3）盗用、借用单位名义实施犯罪，违法所得由实施犯罪的个人所得或私分的。

我国对单位犯罪实施双罚制，即在单位犯罪情形下，对单位处罚金，同时对单位直接负责的主管人员和其他直接责任人员处以相应的刑罚。高级管理人员作为企业主要工作人员，其代表企业履行职务的行为也有可能违反刑法的规定，进而受到相应的刑事处罚。

1. 企业设立中可能涉及哪些犯罪

设立是企业成立的必经阶段，我国对企业的设立实行登记制度，只有经过合法登记领取相关证照后，企业才算合法

成立。设立企业需要履行很多行政手续，准备大量的文件材料，其中申报注册资本及出资是重中之重，也是最容易引发刑事风险的环节。这一环节涉及的主要罪名包括：

（1）虚报注册资本罪。《中华人民共和国刑法》（以下简称《刑法》）第158条规定：申请公司登记使用虚假证明文件或者采取其他欺诈手段虚报注册资本，欺骗公司登记主管部门，取得公司登记，虚报注册资本数额巨大、后果严重或者有其他严重情节的，处3年以下有期徒刑或者拘役，并处或者单处虚报注册资本金额1%以上5%以下罚金。单位犯前款罪的，对单位判处罚金，并对其直接负责的主管人员和其他直接责任人员，处3年以下有期徒刑或者拘役。

（2）虚假出资、抽逃出资罪。《刑法》第159条规定：公司发起人、股东违反公司法的规定未交付货币、实物或者未转移财产权，虚假出资，或者在公司成立后又抽逃其出资，数额巨大、后果严重或者有其他严重情节的，处5年以下有期徒刑或者拘役，并处或者单处虚假出资金额或者抽逃出资金额2%以上10%以下罚金。单位犯前款罪的，对单位判处罚金，并对其直接负责的主管人员和其他直接责任人员，处5年以下有期徒刑或者拘役。

（3）欺诈发行证券罪。《刑法》第160条规定：在招股说明书、认股书、公司、企业债券募集办法等发行文件中隐瞒重要事实或者编造重大虚假内容，发行股票或者公司、企业债券、存托凭证或者国务院依法认定的其他证券，数额巨大、后果严重或者有其他严重情节的，处5年以下有期徒刑或者拘役，并处或者单处罚金；数额特别巨大、后果特别严重或者有其他特别严重情节的，处5年以上有期徒刑，并处罚金。控股股东、实际控制人组织、指使实施前款行为的，处5年以下有期徒刑或者拘役，并处或者单处非法募集资金金额20%以上1倍以下罚金；数额特别巨大、后果特别严重或者有其他特别严重情节的，处5年以上有期徒刑，并处非法募集资金金额20%以上1倍以下罚金。单位犯前两款罪的，对单位判处非法募集资金金额20%以上1倍以下罚金，并对其直接负责的主管人员和其他直接责任人员，依照第一款的规定处罚。

2. 企业治理中可能涉及哪些犯罪

企业的治理离不开企业工作人员的职务行为，为了保障企业的正常运转，企业工作人员，特别是企业的董事和高级管理人员，在执行职务时应严格遵守法律、行政法规及公司章程的规定，忠于职守、廉洁自律。如果违反忠实勤勉义务严重损害企业利益，损害股东、合伙人利益，违反刑法规定的，企业人员可能引发相应的法律风险。这一环节涉及的主要罪名包括：

（1）职务侵占罪。《刑法》第271条第1款规定：公司、企业或者其他单位的工作人员，利用职务上的便利，将本单位财物非法占为己有，数额较大的，处3年以下有期徒刑或者拘役，并处罚金；数额巨大的，处3年以上10年以下有期徒刑，并处罚金；数额特别巨大的，处10年以上有期徒刑或者无期徒刑，并处罚金。

（2）贪污罪。《刑法》第271条第2款规定：国有公司、企业或者其他国有单位中从事公务的人员和国有公司、企业或者其他国有单位委派到非国有公司、企业以及其他单位从事公务的人员有前款行为的，依照本法第382条、第383条的规定定罪处罚。

（3）挪用资金罪。《刑法》第272条第1款规定：公司、企业或者其他单位的工作人员，利用职务上的便利，挪用本单位资金归个人使用或者借贷给他人，数额较大、超过3个月未还的，或者虽未超过3个月，但数额较大、进行营利活动的，或者进行非法活动的，处3年以下有期徒刑或者拘役；挪用本单位资金数额巨大的，处3年以上7年以下有期徒刑；数额特别巨大的，处7年以上有期徒刑。

（4）挪用公款罪。《刑法》第272条第2、3款规定：国有公司、企业或者其他国有单位中从事公务的人员和国有公司、企业或者其他国有单位委派到非国有公司、企业以及其他单位从事公务的人员有前款行为的，依照本法第384条的规定定罪处罚。有第一款行为，在提起公诉前将挪用的资金退还的，可以从轻或者减轻处罚。其中，犯罪较轻的，可以减轻或者免除处罚。

（5）单位受贿罪。《刑法》第387条规定：国家机关、国有公司、企业、事业单位、人民团体，索取、非法收受他人财物，为他人谋取利益，情节严重的，对单位判处罚金，并对其直接负责的主管人员和其他直接责任人员，处 5 年以下有期徒刑或者拘役。前款所列单位，在经济往来中，在账外暗中收受各种名义的回扣、手续费的，以受贿论，依照前款的规定处罚。

（6）对非国家工作人员行贿罪。《刑法》第 164 条第 1 款规定：为谋取不正当利益，给予公司、企业或者其他单位的工作人员以财物，数额较大的，处 3 年以下有期徒刑或者拘役，并处罚金；数额巨大的，处 3 年以上 10 年以下有期徒刑，并处罚金。

（7）非法经营同类营业罪。《刑法》第 165 条规定：国有公司、企业的董事、经理利用职务便利，自己经营或者为他人经营与其所任职公司、企业同类的营业，获取非法利益，数额巨大的，处 3 年以下有期徒刑或者拘役，并处或者单处罚金；数额特别巨大的，处 3 年以上 7 年以下有期徒刑，并处罚金。

3. 企业生产经营中可能涉及哪些犯罪

企业生产经营中的法律风险包括产品的质量风险与合同使用风险。产品或服务的质量是关系企业未来生产和发展的关键，企业在生产经营过程中，如果违反国家产品质量法规，放松对产品质量的管理与控制，生产、销售不符合质量标准的伪劣产品，不但会扰乱市场经济秩序，损害消费者的合法权益，导致要承担民事或者行政的责任，情节严重的，还可能使自己面临刑事风险，遭受牢狱之灾。这一环节涉及的主要罪名包括：

（1）生产、销售伪劣产品罪。《刑法》第 140 条规定：生产者、销售者在产品中掺杂、掺假，以假充真，以次充好或者以不合格产品冒充合格产品，销售金额 5 万元以上不满 20 万元的，处 2 年以下有期徒刑或者拘役，并处或者单处销售金额 50% 以上 2 倍以下罚金；销售金额 20 万元以上不满 50 万元的，处 2 年以上 7 年以下有期徒刑，并处销售金额 50% 以上 2 倍以下罚金；销售金额 50 万元以上不满 200 万元的，处 7 年以上有期徒刑，并处销售金额 50% 以上 2 倍以下罚金；销售金额 200 万元以上的，处 15 年有期徒刑或者无期徒刑，并处销售金额 50% 以上 2 倍以下罚金或者没收财产。

（2）生产、销售不符合安全标准的食品罪。《刑法》第 143 条规定：生产、销售不符合食品安全标准的食品，足以造成严重食物中毒事故或者其他严重食源性疾病的，处 3 年以下有期徒刑或者拘役，并处罚金；对人体健康造成严重危害或者有其他严重情节的，处 3 年以上 7 年以下有期徒刑，并处罚金；后果特别严重的，处 7 年以上有期徒刑或者无期徒刑，并处罚金或者没收财产。

（3）生产、销售有毒、有害食品罪。《刑法》第 144 条规定：在生产、销售的食品中掺入有毒、有害的非食品原料的，或者销售明知掺有有毒、有害的非食品原料的食品的，处5年以下有期徒刑，并处罚金；对人体健康造成严重危害或者有其他严重情节的，处5年以上10年以下有期徒刑，并处罚金；致人死亡或者有其他特别严重情节的，依照本法第141条的规定处罚。

（4）生产、销售不符合安全标准的产品罪。《刑法》第146条规定：生产不符合保障人身、财产安全的国家标准、行业标准的电器、压力容器、易燃易爆产品或者其他不符合保障人身、财产安全的国家标准、行业标准的产品，或者销售明知是以上不符合保障人身、财产安全的国家标准、行业标准的产品，造成严重后果的，处5年以下有期徒刑，并处销售金额50%以上2倍以下罚金；后果特别严重的，处5年以上有期徒刑，并处销售金额50%以上2倍以下罚金。

（5）签订、履行合同失职被骗罪。《刑法》第167条规定：国有公司、企业、事业单位直接负责的主管人员，在签订、履行合同过程中，因严重不负责任被诈骗，致使国家利益遭受重大损失的，处3年以下有期徒刑或者拘役；致使国家利益遭受特别重大损失的，处3年以上7年以下有期徒刑。

（6）损害商业信誉、商品声誉罪。《刑法》第221条规定：捏造并散布虚伪事实，损害他人的商业信誉、商品声誉，给他人造成重大损失或者有其他严重情节的，处2年以下有期徒刑或者拘役，并处或者单处罚金。

二、非法集资类犯罪有哪些

资金短缺是创业者在创业初期及之后企业运营过程中经常遇到的问题。创业所需的小额资金容易筹集，但是大额资金就需要从银行、信贷公司等处贷款获得，甚至使用诈骗等方法进行非法集资，这个过程往往存在较大的诱惑和风险，创业者既要谨慎小心明辨风险，也要能抵御高利诱惑，其中最严重的风险当属触犯刑法。非法集资并不是刑法规定的一个具体罪名，它是对未经批准，非法向社会公众公开宣传募集资金并给予高额回报的这类行为的统称。根据《防范和处置非法集资条例》第 2 条第 1 款的规定，非法集资是指未经国务院金融管理部门依法许可或者违反国家金融管理规定，以许诺还本付息或者给予其他投资回报等方式，向不特定对象吸收资金的行为。近年来，非法集资类案件涉及的投资人、被害人数量不断攀升，涉案金额动辄上亿元，且作案手段越发隐蔽，非法集资人员专业性强，很多还具有金融从业背景，对我国的金融秩序造成了严重损害。根据《刑法》及相关司法解释、行政法规和部门规章的规定，非法集资活动可能涉及的罪名包括：非法吸收公众存款罪，集资诈骗罪，欺诈发行股票、债券罪，擅自发行股票、公司、企业债券罪等，其中非法吸收公众存款罪和集资诈骗罪是最常见、最典型的两种。

1. 什么是非法吸收公众存款罪

非法吸收公众存款罪是指违反国家金融管理相关法律法规的规定，非法吸收公众存款，或者变相吸收公众存款，扰乱金融秩序的行为。目前我国非法集资类犯罪中数量最多的就是此罪。在非法吸收公众存款的过程中，有时也存在正常的贷款与民间借贷，不能因为行为人实施了非法吸收公众存款的行为，就将正常的贷款与民间借贷也认定为非法吸收公众存款。比如，打算创业的甲以自己的别墅作抵押向朋友乙借款 800 万元，又向不特定多数人非法吸收公众存款 1000 万元，有抵押的借款就属于正常的民间借贷，不得计入非法吸收公众存款罪的数额。

非法吸收公众存款罪的犯罪主体为一般主体，即个人和单位均可以实施该行为，司法实践中，单位犯罪更为常见。根据最高人民法院《关于审理非法集资刑事案件具体应用法律若干问题的解释》第 1 条的规定，违反国家金融管理法律规定，向社会公众（包括单位和个人）吸收资金的行为，同时具备下列四个条件的，除刑法另有规定的以外，应当认定为《刑法》第 176 条规定的“非法吸收公众存款或者变相吸收公众存款”：（1）未经有关部门依法许可或者借用合法经营的形式吸收资金；（2）通过网络、媒体、推介会、传单、手机信息等途径向社会公开宣传；（3）承诺在一定期限内以货币、实物、股权等方式还本付息或者给付回报；（4）向社会公众即社会不特定对象吸收资金。未向社会公开宣传，在亲友或者单位内部针对特定对象吸收资金的，不属于非法吸收或者变相吸收公众存款。

根据上述规定，构成非法吸收公众存款罪中“非法吸收公众存款或者变相吸收公众存款”的，应当具备“四性”特征，即非法性、公开性、利诱性及社会性，只有同时具备这四个要件才构成该罪，这也是规范层面的民间融资刑事法律边界。

最高人民法院《关于审理非法集资刑事案件具体应用法律若干问题的解释》第 2 条列举了常见的应当以非法吸收公众存款罪定罪处罚的行为。实施下列行为之一，符合本解释第 1 条第 1 款规定的条件的，应当依照《刑法》第 176 条的规定，以非法吸收公众存款罪定罪处罚：（1）不具有房产销售的真实内容或者不以房产销售为主要目的，以返本销售、售后包租、约定回购、销售房产份额等方式非法吸收资金的；（2）以转让林权并代为管护等方式非法吸收资金的；（3）以代种植（养殖）、租种植（养殖）、联合种植（养殖）等方式非法吸收资金的；（4）不具有销售商品、提供服务的真实内容或者不以销售商品、提供服务为主要目的，以商品回购、寄存代售等方式非法吸收资金的；（5）不具有发行股票、债券的真实内容，以虚假转让股权、发售虚构债券等方式非法吸收资金的；（6）不具有募集基金的真实内容，以假借境外基金、发售虚构基金等方式非法吸收资金的；（7）不具有销售保险的真实内容，以假冒保险公司、伪造保险单据等方式非法吸收资金的；（8）以网络借贷、投资入股、虚拟币交易等方式非法吸收资金的；（9）以委托理财、融资租赁等方式非法吸收资金的；（10）以提供“养老服务”、投资“养老项目”、销售“老年产品”等方式非法吸收资金的；（11）利用民间“会”“社”等组织非法吸收资金的；（12）其他非法吸收资金的行为。

最高人民法院《关于审理非法集资刑事案件具体应用法律若干问题的解释》第3条规定，非法吸收或者变相吸收公众存款，具有下列情形之一的，应当依法追究刑事责任：（1）非法吸收或者变相吸收公众存款数额在100万元以上的；（2）非法吸收或者变相吸收公众存款对象150人以上的；（3）非法吸收或者变相吸收公众存款，给存款人造成直接经济损失数额在50万元以上的。非法吸收或者变相吸收公众存款数额在50万元以上或者给存款人造成直接经济损失数额在25万元以上，同时具有下列情形之一的，应当依法追究刑事责任：（1）曾因非法集资受过刑事追究的；（2）二年内曾因非法集资受过行政处罚的；（3）造成恶劣社会影响或者其他严重后果的。

《刑法》第176条规定，非法吸收公众存款或者变相吸收公众存款，扰乱金融秩序的，处3年以下有期徒刑或者拘役，并处或者单处罚金；数额巨大或者有其他严重情节的，处3年以上10年以下有期徒刑，并处罚金；数额特别巨大或者有其他特别严重情节的，处 10 年以上有期徒刑，并处罚金。单位犯非法吸收公众存款罪的，对单位判处罚金，并对其直接负责的主管人员和其他直接责任人员，依照上述的规定处罚。单位或个人有非法吸收公众存款的行为，在提起公诉前积极退赃退赔，减少损害结果发生的，可以从轻或者减轻处罚。

2. 什么是集资诈骗罪

根据我国《刑法》第 192 条第 1 款的规定，集资诈骗罪是指以非法占有为目的，使用诈骗方法非法集资，数额较大的行为。这里的诈骗行为，通常只要某种行为足以使对方陷入“行为人属合法募集资金”“行为人属正当募集资金”“行为人的募集获得了有权机关的批准”“出资后会有回报”这样的错误认识，进而导致对方“出资”，就属于集资诈骗中的诈骗方法。集资诈骗数额在 10 万元以上的，应当认定为“数额较大”；数额在 100 万元以上的，应当认定为“数额巨大”。集资诈骗数额在 50 万元以上，且造成恶劣社会影响或者其他严重后果的，应当认定为“其他严重情节”。集资诈骗的数额以行为人实际骗取的数额计算，在案发前已归还的数额应予扣除。行为人为实施集资诈骗活动而支付的广告费、中介费、手续费、回扣，或者用于行贿、赠与等费用，不予扣除。行为人为实施集资诈骗活动而支付的利息，除本金未归还可予折抵本金以外，应当计入诈骗数额。

根据最高人民法院《关于审理非法集资刑事案件具体应用法律若干问题的解释》第7条的规定，以非法占有为目的，使用诈骗方法实施本解释第2条规定所列行为的，应当依照《刑法》第192条的规定，以集资诈骗罪定罪处罚。使用诈骗方法非法集资，具有下列情形之一的，可以认定为“以非法占有为目的”：(1) 集资后不用于生产经营活动或者用于生产经营活动与筹集资金规模明显不成比例，致使集资款不能返还的；(2) 肆意挥霍集资款，致使集资款不能返还的；(3) 携带集资款逃匿的；(4) 将集资款用于违法犯罪活动的；(5) 抽逃、转移资金、隐匿财产，逃避返还资金的；(6) 隐匿、销毁账目，或者搞假破产、假倒闭，逃避返还资金的；(7) 拒不交代资金去向，逃避返还资金的；(8) 其他可以认定非法占有目的的情形。集资诈骗罪中的非法占有目的，应当区分情形进行具体认定。行为人部分非法集资行为具有非法占有目的的，对该部分非法集资行为所涉集资款以集资诈骗罪定罪处罚；非法集资共同犯罪中部分行为人具有非法占有目的，其他行为人没有非法占有集资款的共同故意和行为的，对具有非法占有目的的行为人以集资诈骗罪定罪处罚。

以非法占有为目的，使用诈骗方法非法集资，数额较大的，处3年以上7年以下有期徒刑，并处罚金；数额巨大或者有其他严重情节的，处7年以上有期徒刑或者无期徒刑，并处罚金或者没收财产。单位犯集资诈骗罪的，对单位判处罚金，并对其直接负责的主管人员和其他直接责任人员，依照上述的规定处罚。

3. 非法吸收公众存款罪与集资诈骗罪的区别有哪些

非法吸收公众存款罪与集资诈骗罪最主要的区别在于，是否具有非法占有的目的，前者不以非法占有为目的，后者则要求行为人主观上具有非法占有的目的，两者具体的差别见表 8 – 1。

表 8 – 1 非法吸收公众存款罪与集资诈骗罪的区别

	犯罪的主观故意	犯罪对象	侵犯的客体	筹集资金的目的和用途	单位的经济能力和经营状况	造成的后果
非法吸收公众存款罪	行为人只是临时占用投资人的资金，行为人承诺而且也意图还本付息	公众的存款，它只能表现为金钱的形式，并且只能以存款人用于存款而获取一定利息的形式出现	（单一客体）国家有关集资（主要是吸收公众存款）的金融信贷管理制度	为了用于生产经营，并且实际上全部或者大部分的资金也是用于生产经营	单位有正常业务，经济能力较强，在向社会公众筹集资金时具有偿还能力	非法筹集的资金在案发前全部或者大部分已经归还
集资诈骗罪	行为人采用虚构事实、隐瞒真相的方法意图永久非法占有社会不特定公众的资金，具有非法占有的主观故意	他人用于集资获利所交付的集资款，既可以表现为资金，也可以表现为财物	（双重客体）(1)国家有关集资的金融管理制度；(2)公私财物所有权	为了用于个人挥霍，或者用于偿还个人债务，或者用于单位或个人拆东墙补西墙	单位本身就是皮包公司，或者已经资不抵债，没有正常稳定的业务	非法筹集的资金在案发前全部或者大部分没有归还，造成投资人重大经济损失

三、如何界定贷款诈骗罪与骗取贷款罪

通过向银行贷款获得资金是企业融资的一种重要方式，为了获得贷款，一些企业可能会采取隐瞒真相或者虚构事实的方法骗取贷款，一旦之后企业未按期归还贷款，且金额达到一定数额，就有可能构成贷款诈骗罪或骗取贷款罪。两罪都属于金融诈骗犯罪，均以贷款为犯罪对象，犯罪手段相同，且在实践中两者还容易互相转化，因此在司法实践中比较容易混淆。

1. 什么是贷款诈骗罪

根据《刑法》第193条的规定，贷款诈骗罪是指有下列情形之一，以非法占有为目的，诈骗银行或者其他金融机构的贷款，数额较大或有其他严重情节的行为：（1）编造引进资金、项目等虚假理由的；（2）使用虚假的经济合同的；（3）使用虚假的证明文件的；（4）使用虚假的产权证明作担保或者超出抵押物价值重复担保的；（5）以其他方法诈骗贷款的。

与其他金融诈骗犯罪一样，贷款诈骗罪也要求“以非法占有为目的”，也就是不具有归还贷款本息的意思。在司法实践中，认定是否具有非法占有为目的，应当坚持主客观相一致的原则，既要避免单纯根据损失结果客观归罪，也不能

仅凭被告人自己的供述，而应当根据案件具体情况具体分析。对于行为人通过诈骗的方法非法获取资金，造成数额较大资金不能归还，并具有下列情形之一的，可以认定为具有非法占有的目的：（1）明知没有归还能力而大量骗取资金的；（2）非法获取资金后逃跑的；（3）肆意挥霍骗取资金的；（4）使用骗取的资金进行违法犯罪活动的；（5）抽逃、转移资金、隐匿财产，以逃避返还资金的；（6）隐匿、销毁账目，或者搞假破产、假倒闭，以逃避返还资金的；（7）其他非法占有资金、拒不返还的行为。在处理具体案件的时候，对于有证据证明行为人不具有非法占有目的的，不能单纯以财产不能归还就按金融诈骗罪处罚。

需要特别注意的是，单位不能构成贷款诈骗罪。对于单位实施的贷款诈骗行为，不能以贷款诈骗罪定罪处罚，也不能以贷款诈骗罪追究直接负责的主管人员和其他直接责任人员的刑事责任。但是，在司法实践中，对于单位十分明显地以非法占有为目的，利用签订、履行借款合同诈骗银行或其他金融机构贷款，符合合同诈骗罪构成要件的，应当以合同诈骗罪定罪处罚。

以非法占有为目的，诈骗银行或者其他金融机构的贷款，数额在5万元以上的，应予立案追诉。以非法占有为目的，诈骗银行或者其他金融机构的贷款，数额较大的，处5年以下有期徒刑或者拘役，并处2万元以上20万元以下罚金；数额巨大或者有其他严重情节的，处5年以上10年以下有期徒刑，并处5万元以上50万元以下罚金；数额特别巨大或者有其他特别严重情节的，处10年以上有期徒刑或者无期徒刑，并处5万元以上50万元以下罚金或者没收财产。

2. 什么是骗取贷款罪

根据《刑法》第175条之一第1款的规定，骗取贷款罪是指以欺骗手段取得银行或者其他金融机构贷款，给银行或者其他金融机构造成重大损失的行为。骗取贷款罪的构成要求行为人在申请、取得贷款时存在欺骗手段。实践中，行为人为骗取金融机构贷款，往往同时实施多种欺骗手段以达到欺骗目的，但是并非所有的欺骗手段都要纳入骗取贷款罪的规制范围。构成骗取贷款罪并不要求行为人具有非法占有的目的，但必须导致银行或其他金融机构因行为人的欺骗行为造成重大损失，如果行为人通过使用虚假材料等方式向银行等金融机构骗取了贷款，但事后予以归还，银行等金融机构并未因此受到重大损失的，不构成该犯罪。

以欺骗手段取得银行或者其他金融机构贷款，给银行或者其他金融机构造成直接经济损失数额在50万元以上的，应予立案追诉。给银行或者其他金融机构造成重大损失的，处3年以下有期徒刑或者拘役，并处或者单处罚金；给银行或者其他金融机构造成特别重大损失或者有其他特别严重情节的，处3年以上7年以下有期徒刑，并处罚金。单位犯骗取贷款罪的，对单位判处罚金，并对其直接负责的主管人员和其他直接责任人员，依照上述的规定处罚。

3. 贷款诈骗罪与骗取贷款罪的区别有哪些

贷款诈骗罪与骗取贷款罪都是从金融机构获取一定的贷款，二者在犯罪主体、行为方式等方面具有相似性，但区别也比较明显，二者的区别见表8－2。

表8－2　贷款诈骗罪与骗取贷款罪的区别

	犯罪目的	骗取贷款的目的和用途	单位的经济能力和经营状况	骗贷行为造成的后果	案发后的归还能力
骗取贷款罪	不以非法占有为目的，只因在不符合贷款条件的情况下为取得贷款而采用了非法手段，有归还的意愿	为了用于生产经营，并且实际上全部或者大部分资金也确实用于生产经营	单位有正常业务，经济能力较强，在骗取贷款时具有偿还能力	(1)骗取的贷款全部或者大部分已经归还；(2)实际没有归还，资金全部或者大部分投入了生产经营，只是因为经营失败而造成不能归还	案发后行为人具有归还能力，并且积极筹集资金归还全部或者大部分贷款
贷款诈骗罪	通过非法手段骗取贷款并非法占有	贷款用于非法活动或者用于高风险投资，大肆挥霍贷款，携款逃匿，隐匿贷款去向，贷款到期后拒不归还等	单位本身就是皮包公司，或者已经资不抵债，没有正常稳定的业务	实际没有归还，不是因为经营失败造成不能归还，而是因为个人挥霍等其他原因造成不能归还	案发后行为人没有归还能力，而且全部或者大部分贷款没有实际归还

当然，骗取贷款罪与贷款诈骗罪也可能相互转化，甚至在案件性质上可能从刑事转化为民事，也可能从民事转化为刑事。如行为人最初的动意是为了非法占有贷款，但在取得贷款以后将贷款用于正常的生产经营活动或者受到其他良好因素的影响，其当初的意图发生了变化，贷款期满即归还贷款。这种情形达到追究刑事责任数额标准或情节标准的，构成骗取贷款罪，未到刑事责任数额标准的，则属民事欺诈性质。反之，行为人取得贷款之前没有非法占有的意图，但在取得贷款后，客观行为表现出其主观上不愿归还贷款的情形，贷款期满后不予归还，达到数额较大的，构成贷款诈骗罪。

四、什么是合同诈骗罪

企业在筹建及经营过程中，需要与他方进行合作，为保障合作事项的顺利实现，规范双方的权利义务，合同双方通常都会选择签订纸质合同。签订和履行合同应该在公平自愿、平等真实的基础上进行，但如果合同一方故意隐瞒与订立和履行合同相关的事实，采用欺诈方法订立和履行合同，并因此获得利益，就有可能构成合同欺诈，当达到一定金额时，还可能构成合同诈骗罪。

1. 如何界定合同诈骗罪

合同诈骗罪是指行为人以非法占有为目的，在签订、履行合同过程中，使用欺骗手段，骗取对方当事人财物，数额较大的行为。这里的“合同”是指平等市场主体之间签订的、反映市场交易关系，具有财产交付内容的合同，它既包括书面合同，也包括口头合同。构成该罪要求骗取的财物“数额较大”，以非法占有为目的，在签订、履行合同过程中，骗取对方当事人财物，数额在 2 万元以上的，应予立案追诉。与普通诈骗罪相比，合同诈骗罪要求行为人利用合同实施诈骗行为，即合同本身成为欺骗对方的手段，被害人必须是合同的对方当事人，行为人所获得的财产也必须是作为合同标的的财产。普通公民之间的借款合同不属于本罪的合同，如有诈骗行为，应当认定普通诈骗罪。

根据《刑法》第224条的规定，合同诈骗罪体现为行为人以非法占有为目的，在签订、履行合同过程中，骗取对方当事人财物，数额较大。具体表现为以下五种形式：（1）以虚构的单位或者冒用他人名义签订合同。实践中一般表现为以根本不存在的单位名义与对方当事人签订合同。（2）以伪造、变造、作废的票据或者其他虚假的产权证明作为担保。这主要发生在行为人客观上没有履行合同的能力，对方要求行为人提供担保的场合。（3）没有实际履行能力，以先履行小额合同或者部分履行合同的方法，诱骗对方当事人继续签订和履行合同。（4）收受对方当事人给付的货物、货款、预付款或者担保财产后逃匿。（5）以其他方法骗取对方当事人财物。这里的"其他方法"是指运用以上四种方法之外的形式虚构事实、隐瞒真相，在合同签订、履行的过程中骗取对方资金的行为。

合同诈骗罪的犯罪主体既可以是自然人也可以是单位，单位犯本罪的，对单位判处罚金，并对其直接负责的主管人员和其他责任人员按相关条款规定判处刑罚。有些单位的员工以企业名义实施的合同诈骗行为，应当认定为个人行为还是企业行为，是认定该罪是否为单位犯罪的关键。实践中，一般从以下几个方面进行判断：第一，单位是否真实、依法成立。对于为了犯罪活动而设立的公司、企业、事业单位实施的犯罪活动，或者企业设立后主要是实施违法犯罪行为的，由于不符合单位设立的宗旨，或者为了规避法律制裁的非法目的，此种情形下应按个人犯罪处理。第二，诈骗行为是否属于单位整体意志支配下的行为。如果行为人实施的诈骗行为是经单位决策并代表单位完成的，应认定为单位犯罪，如果未经单位同意甚至知晓，在个人意志支配下完成的诈骗行为应认定为个人犯罪。第三，该行为是否为单位谋取了利益。行为人因实施犯罪行为而获得的利益归单位的，应认定为单位行为；违法利益归个人的，应认定为个人行为。第四，诈骗行为是否以单位名义完成。一般情形下，单位犯罪要求行为人以单位名义实施，但个人打着单位旗号实施诈骗行为，行为后获得的利益归自己所有的，应认定为个人行为。

2. 企业如何防范和处理合同诈骗

合同诈骗罪是一种典型的经济犯罪，一旦遇到合同诈骗，就会给受害方带来巨大的影响，尤其是部分中小企业可能因此导致资金链断裂，从此一蹶不振，甚至最终走向破产的厄运。实践中，一些企业特别是很多中小企业管理上比较混乱，犯罪分子可能利用企业管理上的漏洞，以该企业的名义对外签订合同，诈骗他人财物，给这些企业带来巨大的法律风险。此外，一些创业者在创业过程中存在急功近利的思想，盲目追求利润，为获得竞争优势，在还不了解合同相对方的情况下就轻易与他人签订合同，致使被人欺诈。因此，为避免受到欺诈，企业一定要树立风险防范意识，在签订合同特别是金额较高的合同时应审慎对待。在很多合同诈骗的犯罪案件中，被害企业只要稍加留心，对相对方的身份略作调查就能够避免被诈骗。

企业在订立合同之初，应对合同相对方的基本情况进行调查了解，例如，对对方企业的经济状况、信用状况、是否曾被行政处罚、是否涉讼等情况进行全方位、多渠道的调查了解，以核实对方人员及企业的真实性，如发现其信息有异样或存在瑕疵等，就应慎重签约。此外，还应特别关注对方公司的经营范围，如果与对方洽谈的合作项目超出其工商登记核准的经营范围，应引起高度重视，可咨询法律专业人士。合同签订后，在履行过程中，企业应随时关注对方公司的运营状况，关注其是否按约定履约、是否有正常履约能力以及履约过程中是否有特殊情况出现等。留一个心眼，多一分防范，不仅能够防止合同诈骗事件的发生，也能减少因履约造成的合同纠纷，减少给双方造成的损失。此外，企业应建立健全合同管理制度，将合同审查、合同保存等环节纳入规范化管理。如果企业已经履行了相关的注意义务，仍被合同诈骗的，应及时报警并向警方提供相关证据，由警方介入调查，以便追回相关损失。

当然，企业在避免合同诈骗的同时，更要关注自身参与订立和履行合同的行为，避免因触犯刑法而沦为合同诈骗罪的犯罪主体。创业者在企业经营过程中要坚持诚信原则，在合同谈判过程中，不虚假承诺，不欺骗对方，在签订和履行合同过程中切忌提供虚假文件，切忌提供虚假产权作担保，切忌以不存在的主体签订合同。合同签订后要严格履行合同，切忌在收到款项后却没有实际的履行行为，更不能将签订后的合同石沉大海。如果由于客观情况变化无法履行合同的，应当明确告知对方，而不是提供虚假证明欺骗对方。有条件的企业，应设立法务部门或聘请专业律师，在日常经营过程中，由法律专业人士对合同风险进行评估和把控。

五、如何界定职务侵占罪与挪用资金罪

公司、企业或其他单位在运营过程中，部分工作人员利用身份和职务的便利，侵害公司、企业或其他单位财产，可能构成职务侵占罪或挪用资金罪，司法实践中，这两种罪在认定时比较容易混淆。

1. 什么是职务侵占罪

根据《刑法》第 271 条的规定，职务侵占罪是指公司、企业或者其他单位的工作人员，利用职务上的便利，将本单位财物非法占为己有，数额较大的行为。国有公司、企业或者其他国有单位中从事公务的人员和国有公司、企业或者其他国有单位委派到非国有公司、企业以及其他单位从事公务的人员，利用职务上的便利侵占公共财物的，认定为贪污罪。职务侵占罪的犯罪主体是特殊主体，即行为人必须是公司、企业或其他单位的工作人员或管理人员。根据最高人民法院《关于在国有资本控股、参股的股份有限公司中从事管理工作的人员利用职务便利非法占有本公司财物如何定罪问题的批复》的规定，在国有资本控股、参股的股份有限公司中从事管理工作的人员，除受国家机关、国有公司、企业、事业单位委派从事公务的以外，不属于国家工作人员。对其利用职务上的便利，将本单位财物非法占为己有，数额较大的，

应当依照《刑法》第 271 条第 1 款的规定，以职务侵占罪定罪处罚。

职务侵占犯罪侵害了公司财物的所有权，它侵占的是本公司、企业或者其他单位的财物，既包括有形物和无形物，如厂房、电力、煤气、天然气、工业产权等，也包括动产和不动产。所谓“动产”，不仅指已在公司、企业、其他单位占有、管理之下的钱财（如人民币、外币、有价证券等），还包括本单位有权占有而未占有的财物（如公司、企业或其他单位拥有的债权）。该罪要求侵占的公司财物“数额较大”，根据最高人民法院、最高人民检察院《关于办理贪污贿赂刑事案件适用法律若干问题的解释》第 11 条的规定，职务侵占罪中的“数额较大”“数额巨大”的数额起点，按照本解释关于受贿罪、贪污罪相对应的数额标准规定的 2 倍、5 倍执行。最高人民法院、最高人民检察院《关于办理贪污贿赂刑事案件适用法律若干问题的解释》第 1 条中规定，贪污或者受贿数额在 3 万元以上不满 20 万元的，应当认定为“数额较大”；第 2 条中规定，贪污或者受贿数额在 20 万元以上不满 300 万元的，应当认定为“数额巨大”。据此，职务侵占罪中“数额较大”的起点按照受贿罪、贪污罪相对应的数额标准的 2 倍计算，即 6 万元以上；职务侵占罪中的“数额巨大”的起点按照受贿罪、贪污罪相对应的数额标准的 5 倍计算，即 100 万元以上。因此，职务侵占的数额达到 6 万元以上的，应被立案追诉。

职务侵占罪属于公诉案件的范畴，因而，一旦发现公司职工利用职务之便非法侵占公司财物的，应当马上报警处理。对于行为人最初没有侵占意图而挪用本单位资金，后改变主意，企图永久非法占为己有，不打算再归还的，属于刑法中的转化犯，直接以职务侵占罪定罪处罚。

2. 什么是挪用资金罪

根据《刑法》第272条第1款的规定，挪用资金罪是指公司、企业或者其他单位的工作人员，利用职务上的便利，挪用本单位资金归个人使用或者借贷给他人使用，数额较大、超过3个月未还的，或者虽未超过3个月，但数额较大、进行营利活动的，或者进行非法活动的行为。

本罪的主体是特殊主体，即只能是公司、企业或者其他单位的工作人员，实践中，这些人员通常是单位的高管人员、财务会计人员或者购销人员等能够管理、调动和经手本单位资金的人员。具有国家工作人员身份的人挪用单位的资金，构成挪用公款罪。具有下列情形之一的，属于本条规定的“归个人使用”：（1）将本单位资金供本人、亲友或者其他自然人使用的；（2）以个人名义将本单位资金供其他单位使用的；（3）个人决定以单位名义将本单位资金供其他单位使用，谋取个人利益的。

本罪行为人的行为方式表现为：

（1）挪用本单位资金归个人使用或者借贷给他人，数额较大、超过3个月未还的。在该种情形下，立案追诉的标准为：挪用本单位资金数额在5万元以上，超过3个月未还的。

（2）挪用本单位资金进行营利活动，数额较大的。这里的“营利活动”是指从事牟利的、合法的经营活动。挪用资金进行营利活动可能引发刑事风险的，要求挪用资金的数额较大，但不受挪用时间的影响。在该种情形下，立案追诉的标准为：挪用本单位资金数额在5万元以上，进行营利活动的。

（3）挪用本单位的资金进行非法活动。这里的“非法活动”是指违法或者犯罪活动，由于非法活动较其他的挪用行为社会危害性更大，因此这类挪用行为不受“数额较大”和挪用时间的限制。在该种情形下，立案追诉的标准为：挪用本单位资金数额在3万元以上，进行非法活动的。

3. 职务侵占罪与挪用资金罪的区别有哪些

职务侵占罪与挪用资金罪都侵占了公司、企业或者其他单位的财产，两者有明显的区别，但有时两罪也会发生转换，如行为人本打算挪用资金后予以归还，但之后不愿意归还，或不打算归还，甚至携款潜逃的，则该行为应以职务侵占罪定罪处罚。两罪的区别详见表8－3。

表 8-3　职务侵占罪与挪用资金罪的区别

	犯罪的主观目的	犯罪的对象	侵犯的客体	客观表现形式
职务侵占罪	为了非法取得对本单位财物的所有权，行为人在其侵占了财物后并无归还的意图	公司、企业或其他单位的财物的所有权，犯罪对象包括资金和物	资金和物	行为人利用职务上的便利，侵吞、窃取、骗取或者以其他手段非法占有本单位的财物，犯罪手段因行为人职务、作案条件及行为人的个体差异等的不同而呈现出多样化的特点
挪用资金罪	为了非法取得本单位资金的使用权，行为人只是希望暂时使用，并不打算永久占有，而是准备用后归还	公司、企业或其他单位的资金的占有权、使用权和收益权	仅限于本单位的资金	行为人利用职务上的便利，非法将本单位财产挪作他用，由于行为人主观上具有准备归还的意图，因此一般采用涂改账目、冒名取款等秘密虚假手段

法条速递

《中华人民共和国刑法》第一百七十六条　非法吸收公众存款或者变相吸收公众存款，扰乱金融秩序的，处三年以下有期徒刑或者拘役，并处或者单处罚金；数额巨大或者有其他严重情节的，处三年以上十年以下有期徒刑，并处罚金；数额特别巨大或者有其他特别严重情节的，处十年以上有期徒刑，并处罚金。

单位犯前款罪的，对单位判处罚金，并对其直接负责的主管人员和其他直接责任人员，依照前款的规定处罚。

有前两款行为，在提起公诉前积极退赃退赔，减少损害结果发生的，可以从轻或者减轻处罚。

第一百九十二条 以非法占有为目的，使用诈骗方法非法集资，数额较大的，处三年以上七年以下有期徒刑，并处罚金；数额巨大或者有其他严重情节的，处七年以上有期徒刑或者无期徒刑，并处罚金或者没收财产。

单位犯前款罪的，对单位判处罚金，并对其直接负责的主管人员和其他直接责任人员，依照前款的规定处罚。

第一百九十三条 有下列情形之一，以非法占有为目的，诈骗银行或者其他金融机构的贷款，数额较大的，处五年以下有期徒刑或者拘役，并处二万元以上二十万元以下罚金；数额巨大或者有其他严重情节的，处五年以上十年以下有期徒刑，并处五万元以上五十万元以下罚金；数额特别巨大或者有其他特别严重情节的，处十年以上有期徒刑或者无期徒刑，并处五万元以上五十万元以下罚金或者没收财产：

（一）编造引进资金、项目等虚假理由的；

（二）使用虚假的经济合同的；

（三）使用虚假的证明文件的；

（四）使用虚假的产权证明作担保或者超出抵押物价值重复担保的；

（五）以其他方法诈骗贷款的。

第一百七十五条之一 以欺骗手段取得银行或者其他金融机构贷款、票据承兑、信用证、保函等，给银行或者其他金融机构造成重大损失的，处三年以下有期徒刑或者拘役，并处或者单处罚金；给银行或者其他金融机构造成特别重大损失或者有其他特别严重情节的，处三年以上七年以下有期徒刑，并处罚金。

单位犯前款罪的，对单位判处罚金，并对其直接负责的主管人员和其他直接责任人员，依照前款的规定处罚。

第九章

企业如何解决民商事纠纷

一、企业可以通过哪些法律途径解决民商事纠纷

企业在经营过程中，常常会遇到纠纷，如因贷款、应付账款、合同履行、侵权等原因而产生的债权债务纠纷，或与劳动者之间产生的劳动争议纠纷等。面对纠纷，双方通常先进行协商，在自愿和互谅的基础上，就如何解决纠纷直接进行协商或邀请第三人从中斡旋。在协商不成，无法达成共识时，可以采取哪些法律途径解决纠纷呢？常见的纠纷解决办法包括人民调解、仲裁及民事诉讼，其优缺点如图 9－1 所示。

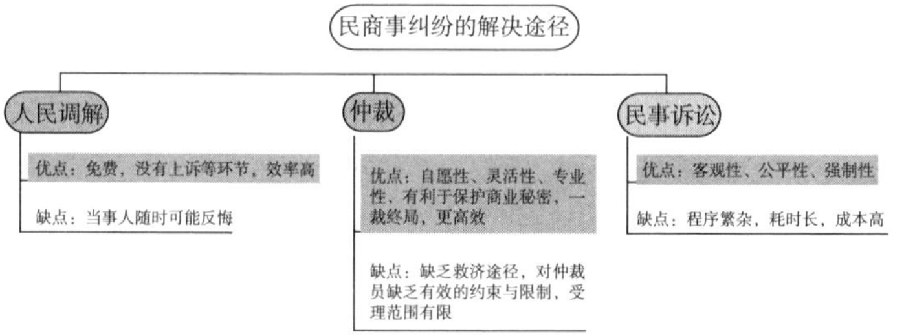

图 9－1　民商事纠纷的解决途径对比

1. 什么是人民调解

人民调解是指人民调解委员会通过说服、疏导等方法，促使当事人在平等协商的基础上自愿达成调解协议，解决民间纠纷的活动。申请人民调解应当建立在双方当事人自愿的

基础上，且该纠纷属于人民调解委员会的受理范围，有明确的申请人（如申请人的具体信息）、有具体的调解要求（如要求被申请调解人按约定履行交货义务等）、有提出调解申请的事实依据（如双方签订的合同、借条等）。根据《中华人民共和国人民调解法》的规定，通过人民调解解决纠纷不收取任何费用，能为企业节约成本，这是人民调解最大的优势。经调解达成的调解协议具有民事合同的法律性质，当事人应当按照协议履行，不得擅自变更或解除协议。如担心签订协议后一方当事人又反悔或部分反悔的，另一方当事人可以就调解协议向法院申请司法确认。在法院确认了该调解协议的效力后，调解协议即具有强制执行力，当事人可以向人民法院申请强制执行。对于法院确认调解协议无效的，当事人既可以通过人民调解变更原协议或达成新的协议，也可以直接向人民法院提起诉讼。

2. 什么是仲裁

仲裁是通过仲裁委员会解决平等主体的公民、法人和其他组织之间发生的合同纠纷和其他财产权益纠纷的一种争议解决方式。同人民调解一样，仲裁也必须是双方自愿。当事人只有达成书面仲裁协议，或在合同中约定了仲裁条款，才可以申请仲裁，否则仲裁委员会将不予受理。仲裁实行或裁或审、一裁终局制度，即当事人选择了仲裁就不能进行诉讼，选择了诉讼就不能申请仲裁，仲裁经一次裁决后即生效，不得上诉，且在裁决作出后，当事人不得就同一纠纷再申请仲裁或者向人民法院起诉。仲裁的这一特点决定了仲裁更加高效，也更有利于当事人之间迅速解决纠纷。

仲裁员的选择较为广泛，仲裁委员会按照不同专业设置仲裁员名册，保证了仲裁的专业性。另外，仲裁一般以不公开的方式进行，具有较强的保密性，既有利于保守当事人的商业秘密，也有利于维护当事人的商业信誉，降低当事人之间的对抗性。当然，仲裁的不足也很明显。第一，并不是所有纠纷都可以申请仲裁，根据《中华人民共和国仲裁法》第3条的规定，婚姻、收养、监护、扶养、继承纠纷等与人身权相关的纠纷，以及依法应当由行政机关处理的行政争议，不属于仲裁的范围；第二，尽管一裁终局制度提高了仲裁的效率，但也存在出现错误的仲裁裁决后，当事人缺乏救济途径的情况；第三，仲裁机构是独立于行政机关的机构，且仲裁机构之间也是相互独立的，因此，仲裁机构在进行仲裁时，对仲裁员缺乏有效的约束和限制，致使仲裁员权力过大，自由度过高。

3. 什么是民事诉讼

民事诉讼，俗称“打民事官司”，是一种典型的公力救济方式，处理结果具有终局的法律效力。民事诉讼是处理民事纠纷最有效也是最后的手段。与其他纠纷解决方式相比，诉讼具有客观性，它是由法院作为处理纠纷的主体，通过主持民事诉讼活动处理双方的纠纷，处理过程与结果均不受当事人及外界的干扰。诉讼活动遵照民事诉讼法等相关法律制度规定的程序进行，在诉讼主体、诉讼程序等方面具有严格的规定，从而保证了纠纷的有序公平解决。诉讼的另一个显著特征就是具有“强制性”，这一点体现在诉讼的进程和结果上。诉讼过程中，法院有权对妨碍诉讼秩序的行为人采取强制措施，在当事人不履行判决时可以依法采取强制执行等措施，由国家强制力保证诉讼的完成与结果的实现。民事诉讼是很多当事人处理纠纷的首选，但由于诉讼必须履行更加严格的程序，该过程更为繁杂、周期长、成本高，需要耗费当事人一定的精力和财力，且“对簿公堂”有可能进一步激化双方的矛盾，因此，对于很多纠纷来说，诉讼也并非最好的处理方式。

二、如何启动仲裁

申请仲裁的前提是双方当事人自愿且纠纷属于仲裁委员会的受理范围。由于仲裁不实行级别管辖和地域管辖，双方当事人应当在约定的仲裁条款或书面仲裁协议中确定好某一仲裁委员会，然后向该委员会递交仲裁协议、仲裁申请书及副本。仲裁申请书应当载明当事人的基本情况、仲裁请求、依据的事实和理由、证据及其来源、证人等。

1. 如何组成仲裁庭

仲裁委员会受理仲裁申请后，应当在规定的期限内将仲裁规则及仲裁员名册送达申请人。仲裁庭的组成及仲裁员的选任充分尊重当事人的意思，双方当事人既可以约定由 1 名仲裁员组成仲裁庭，也可以约定由 3 名仲裁员组成仲裁庭。1 名仲裁员组成的仲裁庭，由双方当事人共同选定或共同委托仲裁委员会主任指定仲裁员；3 名仲裁员组成的仲裁庭，应设 1 名首席仲裁员，剩下 2 名仲裁员由双方当事人各自选定，或各自委托仲裁委员会主任指定 1 名仲裁员，再由双方共同选定或共同委托仲裁委员会主任指定 1 名仲裁员，且该名仲裁员作为首席仲裁员。当事人应当在仲裁规则规定的期限内向仲裁委员会提交答辩书，未提交答辩书，不影响仲裁程序的进行。

2. 仲裁庭如何裁决纠纷

除当事人协议不开庭，并经仲裁庭裁决同意的情形外，仲裁庭应当开庭进行。仲裁委员会应当在仲裁规定的期限内将开庭日期通知双方当事人，当事人有正当理由的，可以申请延期开庭。原则上，仲裁是不公开的，除非当事人协议公开且未涉及国家秘密。申请人经书面通知，无正当理由不到庭或者未经仲裁庭许可中途退庭的，可以视为撤回仲裁申请。被申请人经书面通知，无正当理由不到庭或者未经仲裁庭许可中途退庭的，可以缺席裁决。仲裁庭裁定过程中，当事人应对自己的主张提供证据，仲裁庭认为有必要收集的证据，可以自行收集。仲裁庭对专门性问题认为需要鉴定的，既可以交由鉴定部门进行鉴定，也可以由仲裁庭指定的鉴定部门鉴定。双方当事人应在仲裁庭上出示相关证据，并可就对方出示的证据进行质证。当事人在仲裁过程中有权进行辩论，辩论终结后，仲裁员应当征询当事人的最后意见。

仲裁庭在作出裁决前，可以先行调解。当事人自愿调解的，仲裁庭应当调解。调解不成的，应当及时作出裁决。调解达成协议的，仲裁庭应当制作调解书或者根据协议的结果制作裁决书。调解书与裁决书具有同等法律效力。调解书经双方当事人签收后，即发生法律效力，在调解书签收前当事人反悔的，仲裁庭应当及时作出裁决。当事人申请仲裁后，可以自行和解。达成和解协议的，既可以请求仲裁庭根据和解协议作出裁决书，也可以撤回仲裁申请。但在撤回仲裁申请后又反悔的，可以根据仲裁协议申请仲裁。一般情形下，仲裁应当按照少数服从多数的原则，根据多数仲裁员的意见作出裁决。仲裁庭不能形成多数意见时，裁决应当按照首席仲裁员的意见作出。

三、如何进行民事诉讼

民事诉讼是指民事争议的当事人向人民法院提出诉讼请求，人民法院依照《民事诉讼法》规定的程序，在双方当事人和其他诉讼参与人的参加下，依法审理和裁判当事人因财产关系和人身关系提起的民事纠纷。

1. 民事诉讼要经过哪些程序

民事诉讼具有显著的程序性特征，从诉讼主体到案件管辖、审理流程等均有严格的法律规定。创业者在创业过程中不可避免地会遇到各类纠纷，这些纠纷中绝大部分是民事纠纷，如果需要通过诉讼途径解决纠纷，就应当对民事诉讼的基本程序有所了解。随着通信技术的发展，民事诉讼活动不仅可以在线下进行，而且可以通过信息网络平台在线上进行，两者具有同等法律效力。根据案件的难易程度等，民事诉讼适用普通程序或简易程序。基层人民法院和它派出的法庭审理事实清楚、权利义务关系明确、争议不大的简单民事案件时，适用民事简易程序，当事人也可以约定适用简易程序。除适用简易程序审理的民事纠纷外，其余民事纠纷均适用一般程序审理。

民事诉讼的流程见图 9－2。

与其他诉讼一样，民事诉讼也实行两审终审制。根据

《民事诉讼法》第122条的规定，提起民事诉讼应当符合以下条件：（1）原告是与本案有直接利害关系的公民、法人和其他组织；（2）有明确的被告；（3）有具体的诉讼请求和事实、理由；（4）属于人民法院受理民事诉讼的范围和受诉人民法院管辖。

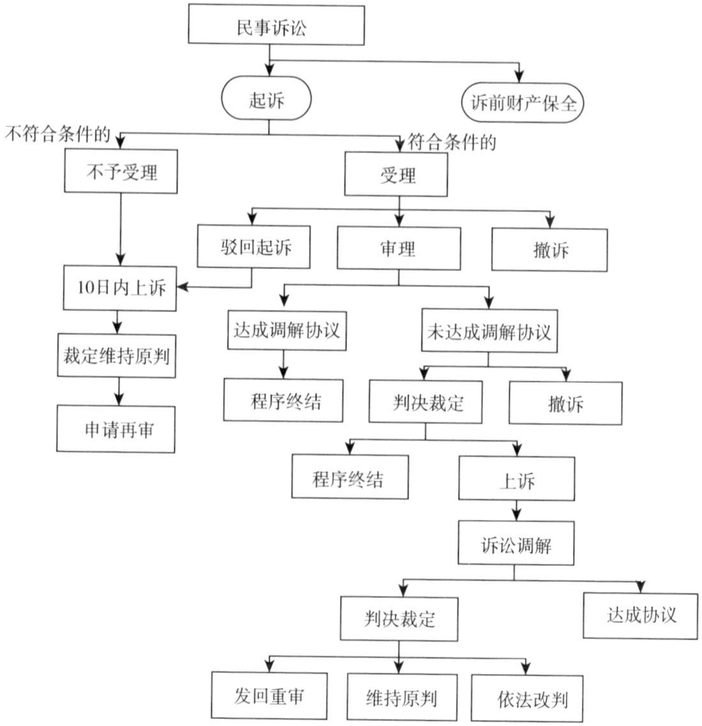

图9－2　民事诉讼的流程

原告向人民法院提交起诉状后，对于符合起诉条件的，人民法院应当自收到起诉书后的7日内立案，并通知当事人；

不符合起诉条件的，应当在7日内作出裁定书，不予受理。原告对裁定不服的，可以提起上诉。对适宜调解的民事纠纷，人民法院也可以在当事人起诉时先行调解，但当事人拒绝调解的除外。

在一些案件中，由于从起诉到法院受理有一段时间，利害关系人因情况紧急，不立即申请财产保全将会使其合法权益受到难以弥补的损害，如相关财产可能被转移、转让、隐匿等时，可以在提起诉讼或者申请仲裁前向被保全财产所在地、被申请人住所地或者对案件有管辖权的人民法院申请采取保全措施，如查封、扣押、冻结相关的财产，这就是诉前财产保全。诉前财产保全属于应激性的保全措施，利害关系人申请诉前保全的，应当提供担保。申请人在人民法院采取保全措施后30日内应当依法提起诉讼或者申请仲裁，否则将解除保全。

人民法院受理起诉后，在审理案件的过程中，发现原告的起诉不符合《民事诉讼法》规定的起诉条件及法院的立案条件，如主体不适格、被告不明确、不属于人民法院受理民事诉讼的范围等，应当作出驳回起诉的裁定。当事人对该裁定不服的，可以提起上诉。对于一些金钱或有价证券数额确定且已到期、又无其他债务纠纷、当事人没有争议的案件，为督促债务人尽快清偿债务，当事人可以向债务人住所地的人民法院申请转入督促程序。由人民法院根据债权人的申请向债务人发出支付令，债务人应当自收到支付令之日起15日内清偿债务，或者向人民法院提出书面异议。债务人在该期间内不提出异议又不履行支付令的，债权人可以向人民法院申请执行。

对决定受理的案件，人民法院应在 5 日内将起诉状副本发送被告，被告应当在收到之日起 15 日内进行答辩。需要开庭审理的，法院通知当事人进行证据交换、组织庭前会议等进行审理前准备。人民法院审理民事案件，除涉及国家秘密、个人隐私或者法律另有规定的以外，应当公开进行。离婚案件，涉及商业秘密的案件，当事人申请不公开审理的，可以不公开审理。开庭审理过程中，双方就其所陈述的案件事实进行举证和质证，并就有争议的事实和法律问题进行辩论和论证。庭审过程中，可以在法庭主持下，双方当事人协议解决纠纷。调解达成协议，人民法院应当制作调解书。调解书应当写明诉讼请求、案件的事实和调解结果。调解书经双方当事人签收后，即具有法律效力。未达成调解协议的，人民法院应当及时判决。人民法院对公开审理或者不公开审理的案件，一律公开宣告判决。

当事人不服地方人民法院第一审判决的，有权在判决书送达之日起 15 日内向上一级人民法院提起上诉。当事人不服地方人民法院第一审裁定的，有权在裁定书送达之日起 10 日内向上一级人民法院提起上诉。第二审人民法院对上诉请求的有关事实和适用法律进行审查。二审法院经过审理后，根据不同情况分别作出以下判决或裁判：驳回上诉，维持原判决、裁定；依法改判、撤销或者变更；发回原审人民法院重审，或者查清事实后改判。第二审人民法院的判决、裁定，是终审的判决、裁定。

2. 哪些主体具有民事诉讼的主体资格

明确民事诉讼当事人的诉讼主体资格，是审理民事案件的首要问题。根据《民事诉讼法》的相关规定，公民、法人和其他组织可以作为民事诉讼的当事人，其中，法人由其法定代表人进行诉讼，其他组织由其主要负责人进行诉讼，具体为：

（1）个体工商户相关的诉讼。在诉讼中，个体工商户以营业执照上登记的经营者为当事人。有字号的，以营业执照上登记的字号为当事人，但应同时注明该字号经营者的基本信息。营业执照上登记的经营者与实际经营者不一致的，以登记的经营者和实际经营者为共同诉讼人。

（2）合伙相关的诉讼。依法登记且领取了营业执照的合伙企业可以作为诉讼主体。在诉讼中，未依法登记领取营业执照的个人合伙的全体合伙人为共同诉讼人。个人合伙有依法核准登记的字号的，应在法律文书中注明登记的字号。全体合伙人可以推选代表人；被推选的代表人，应由全体合伙人出具推选书。

（3）个人独资企业相关的诉讼。依法登记并领取营业执照的个人独资企业可以作为民事诉讼的当事人。

（4）法人相关的诉讼。法人可以作为民事诉讼的当事人，依法设立并领取营业执照的法人的分支机构也可以作为民事诉讼的当事人，法人非依法设立，或者虽依法设立，但没有领取营业执照的分支机构，以设立该分支机构的法人为当事人。根据最高人民法院《关于适用〈中华人民共和国民事诉讼法〉的解释》（以下简称《民事诉讼法司法解释》）第62条的规定，下列情形，以行为人为当事人：①法人或者其他组织应登记而未登记，行为人即以该法人或者其他组织名义进行民事活动的；②行为人没有代理权、超越代理权或者代理权终止后以被代理人名义进行民事活动的，但相对人有理由相信行为人有代理权的除外；③法人或者其他组织依法终止后，行为人仍以其名义进行民事活动的。

3. 如何确定民事案件的管辖法院

在明确了告谁以后，接下来就要明确在哪个法院告？原告只能到具有管辖权的法院起诉，否则会被驳回起诉，这就涉及民事案件的诉讼管辖问题。诉讼管辖是指人民法院在受理第一审民事案件时，各级别法院及同级别法院之间依法进行的分工，它包括级别管辖和地域管辖，其中，级别管辖是确定由哪一级法院管辖，地域管辖则是确定由哪个地区的法院管辖。对于一些特殊案件还应适用特殊管辖，当事人可以在合同中就有管辖权的法院约定由其中某一个法院进行管辖。

（1）什么是级别管辖

在我国，法院分为基层人民法院、中级人民法院、高级人民法院和最高人民法院四级，根据《民事诉讼法》第18～21条的规定，民事案件第一审原则上由基层人民法院管辖；重大涉外案件、在本辖区有重大影响的案件及最高人民法院确定由中级人民法院管辖的案件由中级人民法院管辖；在本辖区有重大影响的第一审民事案件由高级人民法院管辖；最高人民法院一般不作为第一审民事案件的管辖法院，除非是在全国有重大影响的案件或最高人民法院认为应当由其审理的案件。

（2）什么是地域管辖

在确定了级别管辖后，就要确定应由哪个地方的法院管辖，这就是地域管辖问题。地域管辖包括一般地域管辖、特殊管辖及专属管辖。一般来说，地域管辖遵循“原告就被告”的基本原则，即对公民提起的民事诉讼，由被告住所地人民法院管辖；被告住所地与经常居住地不一致的，由经常居住地人民法院管辖。对法人或者其他组织提起的民事诉讼，由被告住所地人民法院管辖。同一诉讼的几个被告住所地、经常居住地在两个以上人民法院辖区的，各该人民法院都有管辖权。该原则也称一般地域管辖，这么做的好处是，有利于传唤被告出庭应诉和采取保全及先予执行措施，如果被告败诉，还有利于执行。同时，也能在一定程度上防止原告对被告的滥诉，给被告造成不必要的损失。

除一般管辖外，还有几类特殊的案件可以由诉讼标的所在地，引起民事法律关系发生、变更及消灭的法律事实所在地及被告住所地的人民法院管辖。因侵权行为提起的诉讼，由侵权行为地或者被告住所地人民法院管辖；因铁路、公路、水上和航空事故请求损害赔偿提起的诉讼，由事故发生地或者车辆、船舶最先到达地、航空器最先降落地或者被告住所地人民法院管辖；因船舶碰撞或者其他海事损害事故请求损害赔偿提起的诉讼，由碰撞发生地、碰撞船舶最先到达地、加害船舶被扣留地或者被告住所地人民法院管辖；因海难救助费用提起的诉讼，由救助地或者被救助船舶最先到达地人民法院管辖；因共同海损提起的诉讼，由船舶最先到达地、共同海损理算地或者航程终止地的人民法院管辖。专属管辖是指法律规定某些特定案件必须由特定的人民法院管辖，其他人民法院无权管辖，也不准许当事人协议变更管辖，具体包括以下三类：①因不动产纠纷提起的诉讼，由不动产所在地人民法院管辖；②因港口作业中发生纠纷提起的诉讼，由港口所在地人民法院管辖；③因继承遗产纠纷提起的诉讼，由被继承人死亡时住所地或者主要遗产所在地人民法院管辖。

（3）什么是协议管辖

如前文所述，对于合同纠纷，《民事诉讼法》规定了5个具有管辖权的法院，即被告住所地、合同履行地、合同签订地、原告住所地及标的物所在地人民法院，当事人可以在这个范围内就具体的管辖法院进行约定，在纠纷发生后，由约定的法院对该纠纷进行管辖。约定管辖，也称协议管辖，是指在纠纷发生前或纠纷发生后，用书面的方式确定受诉法院，它实质上也是一种地域管辖方式。有效的协议管辖约定便于原告在发生纠纷后更为快速准确地确定受诉法院，避免管辖异议程序的启动，有利于节约诉讼成本，缩短诉讼周期。约定管辖既可以是合同中的条款，如双方约定："对本合同未尽事宜，双方应按照《中华人民共和国民法典》的规定协商解决，如协商不成，应由被告住所地人民法院管辖"；也可以是独立的协议书、信函、电报、电子邮件等，但不得是口头协议。当事人选择的管辖法院必须是明确的，且不得违反级别管辖和专属管辖的规定。例如，本应由不动产所在地法院管辖的案件就不能协议约定由不动产所在地之外的法院管辖；本应由中级人民法院管辖的案件也不能约定由基层人民法院管辖。

（4）什么是移送管辖和指定管辖

移送管辖是指人民法院发现受理的案件不属于本院管辖的，应当移送有管辖权的人民法院，受移送的人民法院应当受理。有管辖权的人民法院由于特殊原因，不能行使管辖权的，由上级人民法院指定管辖。人民法院之间因管辖权发生争议，由争议双方协商解决；协商解决不了的，报请它们的共同上级人民法院指定管辖。

4. 什么是民事案件中的举证和质证

俗话说，打官司就是打证据，证据直接决定了自己的诉讼主张能否被法院所支持。证据是支撑自己主张的根据，根据《民事诉讼法》第 66～67 条的规定，民事证据包括：当事人的陈述、书证、物证、视听资料、电子数据、证人证言、鉴定意见及勘验笔录。证据必须查证属实，才能作为认定事实的根据。当事人对自己提出的主张，有责任提供证据。当事人及其诉讼代理人因客观原因不能自行收集的证据，或者人民法院认为审理案件需要的证据，人民法院应当调查收集。人民法院应当按照法定程序，全面地、客观地审查核实证据。第 79 条规定，当事人可以就查明事实的专门性问题向人民法院申请鉴定。当事人申请鉴定的，由双方当事人协商确定具备资格的鉴定人；协商不成的，由人民法院指定。当事人未申请鉴定，人民法院对专门性问题认为需要鉴定的，应当委托具备资格的鉴定人进行鉴定。当事人收集证据后应当及时提交，并经法院按照法定程序全面、客观地审查核实证据，除涉及国家秘密、商业秘密和个人隐私的证据外，证据应当在法庭上出示，并由当事人互相质证。

（1）民事诉讼中如何分配举证责任

举证责任是民事诉讼证据制度的核心，它是指当事人应当对自己主张的事实加以证明。根据《民事诉讼法》第 67 条的规定，当事人对自己提出的主张，有责任提供证据，即“谁主张，谁举证”，这是民事诉讼中举证责任分配的基本原则。除法律另有规定外，当事人对自己提出的诉讼请求所依据的事实或者反驳对方诉讼请求所依据的事实，应当提供证据加以证明。主张法律关系存在的当事人，应当对产生该法律关系的基本事实承担举证证明责任。主张法律关系变更、消灭或者权利受到妨害的当事人，应当对该法律关系变更、消灭或者权利受到妨害的基本事实承担举证证明责任。例如，在合同纠纷中，主张合同关系成立、生效的一方当事人应当对合同成立、生效的事实承担举证责任；主张合同已经履行的当事人应当对合同履行的事实承担证明责任等。

尽管“谁主张，谁举证”是民事诉讼举证责任分配的一般规则，但在一些特定的纠纷中，由原告承担举证责任是十分困难的，因此法律规定这些案件由被告方承担举证责任，证明待证事实的反面事实，这就是举证责任倒置。2001 年最高人民法院发布的《关于民事诉讼证据的若干规定》中，列举了八种举证责任倒置的情形，2019 年该规定被修正后，这八种情形全部被删除，《民事诉讼法》及其司法解释中都未明确规定举证责任倒置的情形，因此，只能从相关法条中识别举证责任倒置的情形。

在企业涉及的民事诉讼中，常见的举证责任倒置情形包括：

①普通民事纠纷中举证责任倒置的情形。环境污染纠纷中，加害方就法定免责事由及不存在因果关系承担举证责任（《民法典》第 1230 条）；在依照法律规定推定行为人有过错的侵权纠纷中，行为人对自己没有过错承担举证责任（《民法典》第 1165 条）；建筑悬挂物坠落、高空坠物、堆放物倒

塌、林木折断、窨井等地下设施等情形致他人损害的，加害方就不存在加害行为承担举证责任（《民法典》第1252～1258条）；高度危险作业致人损害的纠纷中，高度危险品占有或使用相关单位就损害是由受害人故意或者不可抗力造成的承担举证责任（《民法典》第1238～1240条）；因产品存在缺陷造成他人财产损害的，生产者就免责事由承担举证责任（《中华人民共和国产品质量法》第41条）。

②《公司法》中举证责任倒置的情形。一人有限责任公司债务纠纷中，一人公司股东就公司财产独立于股东自己的财产承担举证责任（《公司法》第63条）。

③劳动争议中举证责任倒置的情形。工伤纠纷案件中，用人单位就不是工伤承担举证责任（《工伤保险条例》第19条）；因用人单位作出的开除、除名、辞退、解除劳动合同、减少劳动报酬、计算劳动者工作年限等决定而发生的劳动争议纠纷中，用人单位负举证责任（最高人民法院《关于审理劳动争议案件适用法律问题的解释（一）》第44条）；劳动争议纠纷中，用人单位应当提供其掌握管理的、与争议事项有关的证据（《劳动争议调解仲裁法》第6条）。

④《专利法》中举证责任倒置的情形。新产品制造方法发明专利纠纷中，制造同样产品的单位或者个人就其产品制造方法不同于专利方法承担举证责任（《专利法》第66条）。

（2）当事人不能按期举证将承担哪些法律后果

根据当事人的主张和案件审理情况，人民法院应当在审理前的准备阶段确定当事人提供的证据及举证期限。举证期限可以由当事人协商，并经人民法院准许。人民法院确定举证期限，第一审普通程序案件不得少于15日，当事人提供新的证据的第二审案件不得少于10日，适用简易程序审理的案件不得超过15日，小额诉讼案件的举证期限一般不得超过7日。当事人因故意或者重大过失逾期提供的证据，人民法院不予采纳。但该证据与案件基本事实有关的，人民法院应当采纳，并依法予以训诫、罚款。当事人非因故意或者重大过失逾期提供的证据，人民法院应当采纳，并对当事人予以训诫。对需要鉴定的待证事实负有举证责任的当事人，在人民法院指定期间内无正当理由不提出鉴定申请或者不预交鉴定费用，或者拒不提供相关材料，致使待证事实无法查明的，应当承担举证不能的法律后果。

(3) 民事案件庭审中如何举证

举证和质证是法庭调查和法庭辩论两个环节中最核心的步骤。举证分为庭前举证和庭审举证。一般情况下，当事人收到开庭传票时，还会收到一份举证通知书，通知书上会载明当事人举证的要求、当事人向法院申请调查取证收集证据的要求、举证时限及举证相关的法律后果等。当事人按照举证通知书的要求及时向法庭提交证据，这是庭前举证。庭审举证发生在法庭调查阶段，在这个阶段，法庭会根据案件的具体情况归纳当事人争议的焦点，然后原被告双方围绕争议的焦点，就争议事实提供各自的证据。

当事人举证前应将证据进行分类整理，列出证据目录，在目录中对每一份证据的来源及证明指向等进行说明。有些当事人企图在提供证据清单时“留一手”，意图在开庭时再用这些证据“出其不意”地攻击对方，这种做法显然是十分错误的。如前文所述，当事人可能会因在举证期限内故意逾期提供证据，导致该项证据不被法院采纳，从而使自己的主张无法得到支持。另外，当事人提供的证据也不是越多越好，要避免漫无目的、不分主次、不分种类地向法院提供证据，导致最重要的证据被“淹没”。当事人的举证应当始终把握好举证中心，围绕自己的诉讼请求和事实主张来提供证据，切忌提出对自己不利的证据，对一些对自己有利但对对方也有利的“似是而非”的证据，最好不举或尽量少举。在法庭上出示证据时，当事人应逐一说明证据形式及来源符合法律规定，解释证据的证明内容，以及其与本案事实的相关性。当事人提供的证据最好是原件、原物，如果是复印件或复制品的应当详细说明证据来源的合法性及真实性，确认其与原件、原物相符。由于一方当事人控制证据导致己方举证不能时，应当提供证据证明该证据在对方当事人处，然后申请由法院依职权调查取证。对方当事人无正当理由拒不提供该证据的，法庭将推定对方妨碍举证。

（4）民事案件庭审中如何质证

质证，简单来说，就是在法官的主持下，当事人对对方提供的证据挑毛病，对对方提供的证据的来源是否合法、是否真实、能否证明争议的事实等进行判断，对无异议的证据予以认可，对有异议的证据当面提出质疑及询问的过程。法院审理案件的过程也是发现和查明案件事实的过程，这一过程的完成需要依靠原被告双方提供的证据来支持，只有能够反映案件真实情况、与待证事实相关联、来源和形式符合法律规定的证据才能作为认定案件事实的根据。当事人双方对彼此提供的证据进行质证，不仅能够发现对方证据中的问题，也有助于法官厘清案件要点。根据《民事诉讼法司法解释》第 103 条第 1 款的规定，证据应当在法庭上出示，由当事人互相质证。未经当事人质证的证据，不得作为认定案件事实的根据。因此，质证是查明案件真相的必要条件，是庭审中的必备环节。案件审理过程中，人民法院应当组织当事人围绕证据的真实性、合法性及与待证事实的关联性进行质证，并针对证据有无证明力和证明力大小进行说明和辩论。

根据最高人民法院《关于民事诉讼证据的若干规定》第 62 条的规定，质证一般按下列顺序进行：①原告出示证据，被告、第三人与原告进行质证；②被告出示证据，原告、第三人与被告进行质证；③第三人出示证据，原告、被告与第三人进行质证。人民法院根据当事人申请调查收集的证据，审判人员对调查收集证据的情况进行说明后，由提出申请的当事人与对方当事人、第三人进行质证。人民法院依职权调查收集的证据，由审判人员对调查收集证据的情况进行说明后，听取当事人的意见。

由此可见，质证包括证据的出示和质证两个环节，出示证据是有举证责任的当事人将证据向法庭和对方当事人进行展示，除特殊情况外，展示的证据应为原件和原物。有证人证言的，法院一般会要求证人出庭作证；有鉴定人的，则在当事人有异议或者法院认为有必要的情况下，鉴定人应当出庭作证。在一方当事人证据出示完毕后，另一方当事人开始对出示的证据进行质证，对没有异议的证据予以认可，有异议的证据提出质疑和反驳，对方当事人可以就此予以回应。

质证主要是围绕证据的三性即“合法性、真实性、关联性”展开。一般来说，质证首先针对的是证据的“合法性”与“真实性”，如果证据形式不合法或内容不真实，即便与案件事实关联密切，也无法作为定案的依据。对证据的“合法性”进行质证时，一般可以从证据形式是否符合《民事诉讼法》规定的法定形式、是否符合特定的形式要件、来源是否合法等方面进行质证。证据的“真实性”包括形式真实和内容真实两方面，对“真实性”进行质证时可以从以下几个角度进行：首先，证据形式是否真实，即证据的载体是否真实，如合同上的签章是否为真实签章；其次，证据内容是否真实，即证据记载的内容是否真实，是否与案件事实一致；最后，各种证据之间能否互相印证，是否违反逻辑。在对“合法性”和“真实性”进行质证后，还要对证据的“关联性”进行质证。证据“关联性”的大小决定了该证据证明力的强弱，因此，对证据“关联性”的质证主要是质疑证据与待证事实没有关系，不足以支持案件争议的事实。

法条速递

《中华人民共和国民事诉讼法》第六十七条 当事人对自己提出的主张，有责任提供证据。

当事人及其诉讼代理人因客观原因不能自行收集的证据，或者人民法院认为审理案件需要的证据，人民法院应当调查收集。

人民法院应当按照法定程序，全面地、客观地审查核实证据。

最高人民法院《关于适用〈中华人民共和国民事诉讼法〉的解释》第一百零三条 证据应当在法庭上出示，由当事人互相质证。未经当事人质证的证据，不得作为认定案件事实的根据。

当事人在审理前的准备阶段认可的证据，经审判人员在庭审中说明后，视为质证过的证据。

涉及国家秘密、商业秘密、个人隐私或者法律规定应当保密的证据，不得公开质证。

第十章

企业如何合理合法地退出市场

一、公司因哪些原因解散

公司解散，是指已成立的公司基于法律或章程规定的事由而停止营业活动，并开始处理未了结事务，终止其法人资格的行为。公司解散是公司法人主体资格消灭的原因之一，但公司解散并不必然导致公司法人人格消灭。对于尚未进行清算的公司，其法人主体资格仍然存在，只有清算完成后，公司的法人人格才消灭。根据《公司法》的规定，除公司因分立或者合并而需要解散的情形外，应当在解散事由出现之日起15日内成立清算组，开始清算。经过清算，公司将剩余财产分配后，办理注销登记，其法人资格最终消灭。清算期间，公司仍存续，但不得再对外开展经营活动，只能进行与清算有关的事务。

根据我国《公司法》的规定，公司解散的事由包括两大类：自愿解散和强制解散，如图10－1所示。

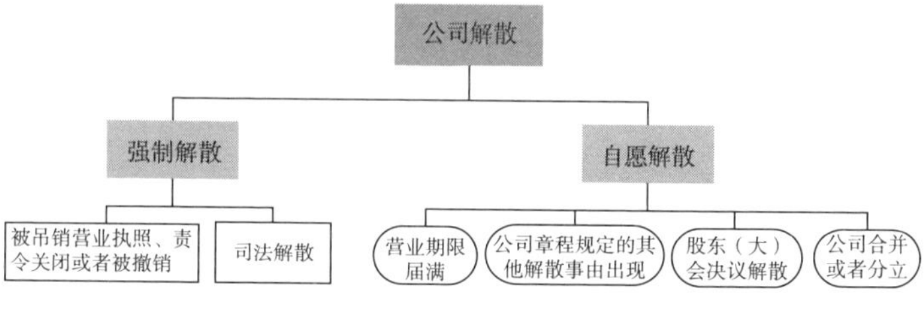

图10－1　公司解散的事由

1. 公司在哪些情形下会被强制解散

强制解散，是指非因公司自愿，而是因主管机关决定或法院判决而解散公司，它包括以下几种情形：

第一，依法被吊销营业执照、责令关闭或者被撤销。根据《公司法》的相关规定，公司被撤销登记和吊销营业执照的情形包括：办理公司登记时虚报注册资本、提交虚假证明文件或采取其他欺诈手段的，公司成立后无正当理由超过6个月未开业的，或者开业后自行停业连续6个月以上的，伪造、涂改、出租、出借、转让营业执照情节严重等。

第二，公司被司法解散。司法解散是指当公司经营管理发生严重困难，继续存续会使股东利益受到重大损失，通过其他途径不能解决的，持有公司全部股东表决权10%以上的股东，可以请求人民法院解散公司。这些经营管理的严重困难包括以下情形：（1）公司持续两年以上无法召开股东会或者股东大会，公司经营管理发生严重困难的；（2）股东表决时无法达到法定或者公司章程规定的比例，持续两年以上不能做出有效的股东会或者股东大会决议，公司经营管理发生严重困难的；（3）公司董事长期冲突，且无法通过股东会或者股东大会解决，公司经营管理发生严重困难的；（4）经营管理发生其他严重困难，公司继续存续会使股东利益受到重大损失的情形。法院经审理可判决公司解散。公司股东提起解散公司的诉讼，应当以公司为被告，并可将其他股东作为案件第三人，向公司住所地人民法院提出诉讼申请。法院对案件进行审理后，认为公司符合解散条件的，将作出解散公司的判决，该判决对公司全体股东具有法律约束力。

2. 公司在哪些情形下可以自愿解散

自愿解散，是指基于公司章程的规定或股东会决议而解散公司，它通常有以下几种情形：

第一，公司章程规定的营业期限届满或者公司章程规定的其他解散事由出现。例如，公司章程规定，公司连续 5 年不盈利的应当解散，则当公司出现连续 5 年不盈利的情形时即可以解散。但该种情形下并不意味着公司必须解散，公司也可以通过修改章程而存续。需要注意的是，根据《公司法》第 181 条的规定，有限责任公司修改公司章程须经持有 2/3 以上表决权的股东通过，股份有限公司则须经出席股东大会会议的股东所持表决权的 2/3 以上通过。其他解散事由包括公司的总利润未达到一定数额时解散、公司亏损达到一定数额时解散等。

第二，股东会或者股东大会决议解散。

第三，因公司合并或者分立需要解散。无论因合并还是分立导致公司解散的，都不必履行清算程序。

二、公司如何清算

公司清算，是指公司解散后，依照法定程序处分公司财产，整理、终结被解散公司所发生的法律关系，并依法定条件和顺序分配其财产的法律程序。公司清算以清理公司债权债务、保护股东和债权人的利益为主要目的，除因合并或分立而解散外，公司因其他原因引起的解散，均须经过清算程序，它是公司终止的必经程序。

1. 公司清算的种类有哪些

公司清算的种类包括普通清算和特别清算。

普通清算，是指公司在解散事由出现之日起 15 日内依法自行成立清算组，按照法定程序进行的清算。有限责任公司清算组由股东组成，股份有限公司的清算组由董事会或者股东大会确定人员组成。根据《公司法》第 184 条的规定，清算组在清算期间行使的职权包括：（1）清理公司财产，分别编制资产负债表和财产清单；（2）通知、公告债权人；（3）处理与清算有关的公司未了结的业务；（4）清缴所欠税款以及清算过程中产生的税款；（5）清理债权、债务；（6）处理公司清偿债务后的剩余财产；（7）代表公司参与民事诉讼活动。

根据《民事诉讼法司法解释》第 64 条的规定，企业法人解散的，依法清算并注销前，以该企业法人为当事人；未依法清算即被注销的，以该企业法人的股东、发起人或者出资人为当事人。清算组应当自成立之日起 10 日内通知债权人，并于 60 日内在报纸上公告。债权人应当自接到通知书之日起 30 日内，未接到通知书的自公告之日起 45 日内，向清算组申报其债权。债权人申报债权，应当说明债权的有关事项，并提供证明材料。清算组应当对债权进行登记。在申报债权期间，清算组不得对债权人进行清偿。公司清算结束后，清算组应当制作清算报告，报股东会、股东大会或者人民法院确认，并报送公司登记机关，申请注销公司登记，公告公司终止。

特别清算，是指公司在普通清算过程中，出现了显著的障碍或发现其债务有超过其实有资产的可能时，依法由法院和债权人进行直接干预和监督的清算。根据最高人民法院《关于适用〈中华人民共和国公司法〉若干问题的规定（二）》第 7 条第 2 款的规定，在自行清算中出现下列情形之一的，债权人、公司股东、董事或其他利害关系人可以申请人民法院指定清算组进行强制清算：（1）公司解散逾期不成立清算组进行清算的；（2）虽然成立清算组但故意拖延清算的；（3）违法清算可能严重损害债权人或者股东利益的。

需要特别提醒的是，一些被吊销执照的公司，在法定期限内怠于履行清算义务的，可能会因此被债权人起诉，法院一旦介入并强制要求清算，若发现公司账目不清等情形的，依据《公司法》的规定，股东就要对公司债务承担连带责任。

2. 公司清算要经过哪些流程

公司应当在解散事由出现之日起 15 日内成立清算组，负责清理公司的财产和债权债务。清算组成立之日起 10 日内公告清算组信息，并向债权人发布公告。清算组在负责清理公司财产，编制资产负债表和财产清单后，应当制订清算方案。根据《公司法》第 186 条第 2 ~ 3 款的规定，公司财产在分别支付清算费用、职工的工资、社会保险费用和法定补偿金，缴纳所欠税款，清偿公司债务后的剩余财产，有限责任公司按照股东的出资比例分配，股份有限公司按照股东持有的股份比例分配。清算期间，公司存续，但不得开展与清算无关的经营活动。公司清算结束后，清算组应当制作清算报告，报股东会、股东大会或者人民法院确认，并报送公司登记机关，申请注销公司登记，公告公司终止。

三、如何启动破产程序

破产，是指企业法人因无力清偿到期债务，人民法院根据债权人或债务人的申请，宣告债务人破产，并将债务人的破产财产依法在全体债权人中按比例进行分配，从而使公司免除不能清偿的其他债务的法律制度。根据《中华人民共和国企业破产法》（以下简称《企业破产法》）的规定，该法仅适用于企业法人，其他法律规定企业法人以外的组织的清算，属于破产清算的，参照适用《企业破产法》规定的程序。

1. 企业法人申请破产的原因有哪些

《企业破产法》第 2 条第 1 款规定了企业法人申请破产的原因，即企业法人不能清偿到期债务，并且资产不足以清偿全部债务或者明显缺乏清偿能力。最高人民法院《关于适用〈中华人民共和国企业破产法〉若干问题的规定（一）》对该条在司法适用中的应用作出了细化规定，根据其第 1 条第 1 款的规定，债务人不能清偿到期债务并且具有下列情形之一的，人民法院应当认定其具备破产原因：（1）资产不足以清偿全部债务；（2）明显缺乏清偿能力。“缺乏清偿能力”是指债务人缺乏清偿能力，对债务人的债务负有连带责任的人是否丧失清偿能力并不影响债务人破产原因的认定。

2. 企业法人破产要经过哪些流程

根据《企业破产法》的规定，企业法人具备破产原因时，可以向法院提出重整、和解或者破产清算的申请。债权人在债务人不能清偿到期债务时，可以向法院申请债务人重整或者破产清算。企业法人已解散但未清算或者未清算完毕，资产不足以清偿债务的，依法负有清算责任的人应当向人民法院申请破产清算。债务人所在地的人民法院对破产案件具有管辖权。破产案件的审理程序按照《企业破产法》的规定进行，该法没有规定的，适用《民事诉讼法》的相关规定。破产程序大致要经过以下几个流程：

（1）破产程序的提起与受理。破产程序由债权人或债务人向有管辖权的人民法院提出破产申请开始。债权人提出破产申请的，人民法院应当自收到申请之日起 5 日内通知债务人。债务人对申请有异议的，应当自收到人民法院的通知之日起 7 日内向人民法院提出。人民法院应当自异议期满之日起 10 日内裁定是否受理。债务人没有提出异议的，法院应当自收到破产申请之日起 15 日内裁定是否受理。

（2）指定破产管理人。人民法院裁定受理破产申请的，应当同时指定管理人。人民法院受理破产申请后，债务人对个别债权人的债务清偿无效，管理人开始全面接管债务人的财产，债务人的债务人或者财产持有人应当向管理人清偿债务或者交付财产，此外，管理人对破产申请受理前成立而债务人和对方当事人均未履行完毕的合同有权决定解除或者继续履行，并通知对方当事人。有关债务人财产的保全措施解除，执行程序中止，已经开始而尚未终结的有关债务人的民事诉讼或者仲裁应当中止；在管理人接管债务人的财产后，该诉讼或者仲裁继续进行；有关债务人的民事诉讼，只能向受理破产申请的法院提起。

（3）通知并公告债权人。人民法院应当自裁定受理破产申请之日起25日内通知已知债权人，并予以公告。

（4）债权人申报债权。人民法院发布破产申请公告后，债权人应当在法院确定的申报期限内向管理人申报债权。申报债权时，应当书面说明债权的数额和有无财产担保，并提交有关证据。申报的债权是连带债权的，应当说明。在人民法院确定的债权申报期限内，债权人未申报债权的，可以在破产财产最后分配前补充申报；但是，此前已进行的分配，不再对其补充分配。为审查和确认补充申报债权的费用，由补充申报人承担。管理人根据收到的债权申报编制债权表，债务人、债权人对该债权表记载的债权无异议的，由人民法院裁定确认，债务人、债权人有异议的，可以向受理破产申请的人民法院提起诉讼。

（5）召开债权人会议。依法申报债权的债权人组成债权人会议，共同商讨债务人破产相关事宜。债权人会议还可以决定设立债权人委员会作为代表债权人共同利益的常设组织。

（6）启动重整程序。重整，是指经债务人、债权人或者出资额占债务人注册资本 1/10 以上的出资人申请，在人民法院的主持和利害关系人的参加下，对债务人进行生产经营上的整顿和债权债务关系上的清理，以使其摆脱财务困境，重获经营能力的一种破产预防制度。对于有重整原因和重整能力的债务人，可以启动重整程序。重整期间，由管理人或债务人向人民法院提交重整计划草案，重整计划草案经债权人会议表决通过、人民法院批准后，由债务人负责执行。

（7）申请和解。公司既可以直接向人民法院申请和解，也可以在人民法院受理破产申请后、宣告债务人破产前，向人民法院申请和解。债权人会议通过和解协议后，由人民法院裁定认可，终止和解程序，并予以公告。和解协议草案经债权人会议表决未获得通过，或者已经债权人会议通过的和解协议未获得人民法院认可的，人民法院应当裁定终止和解程序，并宣告债务人破产，进入破产清算程序。

人民法院对破产事实予以判定后，即可进入破产清算程序。破产清算是公司被宣告破产以后，由清算组对破产财产进行清理，并将破产财产公平地分配给债权人，从而最终消灭公司法人资格的程序。破产财产分配完毕或者破产人无财产可供分配的，管理人应当请求法院裁定终结破产程序。法院自收到管理人终结破产程序的请求后，应当就是否终结作出裁定。若裁定终结的，应当予以公告。管理人应当自破产程序终结之日起 10 日内，持人民法院终结破产程序的裁定，向破产人的原登记机关办理注销登记。

四、企业如何注销

每一个创业者在创业之初都抱着远大的理想和美好的憧憬，希望能打拼出一个美好的未来。然而，理想有多丰满，现实就有多骨感，多少创业者在商海沉浮中被逐出局。一次的失败并不可怕，积蓄力量以后重新再来，但前提是要将这次创业成立的企业合理合法地退出市场，以免给自己及日后的再次创业带来不必要的麻烦。

1. 不及时注销企业会产生哪些风险

很多创业者在意识到企业无法经营后，索性就不再管它，任其自生自灭。其实，这样的行为不仅是错误的，还可能给创业者带来风险。当企业无法继续经营时，及时到市场监督管理部门登记注销，才是企业终止经营活动、合法退出市场的唯一途径。注销是企业因歇业、被撤销、宣告破产或其他原因终止营业并向市场监督管理部门登记终止的行为。注销后企业完全消失，公司法人资格合法终止，企业的债权债务结束，法定代表人可以担任其他企业的法人代表。

不及时注销会带来一系列法律后果，首先，公司会被吊销营业执照。根据《公司法》第 211 条第 1 款的规定，公司成立后无正当理由超过 6 个月未开业的，或者开业后自行停业连续 6 个月以上的，可以由公司登记机关吊销营业执照。

其次，企业和法定代表人、股东会被列入黑名单。未在规定时间内注销的企业会被市场监督管理部门列入黑名单，其法定代表人以及股东的个人征信等会受到影响，乘坐飞机或高铁、向银行贷款、进行高档消费等都是不被允许的。最后，企业未按照规定的期限申报纳税，在税务机关责令其限期改正后，逾期不改正的，税务机关应当派员实地检查，查无下落并且无法强制其履行纳税义务的，该企业将被认定为非正常户，存入纳税人档案，税务机关暂停其税务登记证件、发票领购簿和发票的使用。如果创业者再注册公司，还将被税务机关追溯补缴税款及罚款。由此可见，当创业者不再经营企业时，为避免企业及法定代表人纳入失信管理系统，应当及时对其办理清算、注销，同时将企业的银行账户也一并注销，避免为日后留下法律隐患。

与注销相近的另一个概念是“吊销”。吊销是指企业因违反法律法规的相关规定，如虚报注册资本、提交虚假公司登记材料等，导致其被市场监督管理部门强制停止其经营活动的过程。吊销是市场监督管理部门对公司的行政处罚，是一种强制行为，而注销是企业的主动行为，是公司停止经营的最终唯一并且合法的结果。公司被吊销营业执照后，主体资格并未消灭，其仍可以作为原告或被告参与案件诉讼，但对外不得再进行经营，只能依法进行清算。因此，需要特别强调的是，即使企业被吊销了营业执照也一样要办理注销登记，只有办理了注销登记，企业才算真正地完全退出市场。

2. 企业注销要经过哪些流程

2021 年，国家市场监督管理总局、人力资源社会保障部、商务部、海关总署、税务总局等五部门联合发布了《企业注销指引（2021 年修订）》，根据该指引，企业终止经营活动退出市场，需要经历决议解散、清算分配和注销登记三个主要过程。以公司为例，按照《公司法》的规定，公司在退出市场正式终止前，须依法宣告解散、成立清算组进行清算，清理公司财产、清缴税款、清理债权债务，支付职工工资、社会保险费用等，待公司清算结束后，应制作清算报告并办理注销公司登记，公告公司终止。

企业注销的流程如图 10－2 所示。

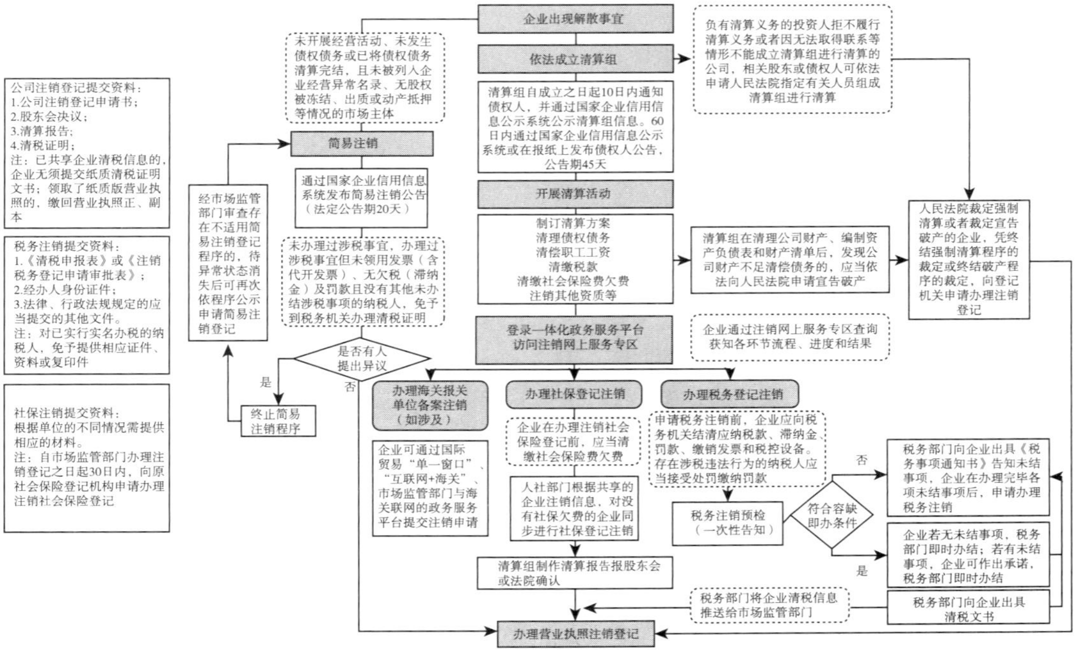

图10–2　企业注销的流程

资料来源：《企业注销指引（2021年修订）》

法条速递

《中华人民共和国企业破产法》第二条 企业法人不能清偿到期债务，并且资产不足以清偿全部债务或者明显缺乏清偿能力的，依照本法规定清理债务。

企业法人有前款规定情形，或者有明显丧失清偿能力可能的，可以依照本法规定进行重整。

第十四条 人民法院应当自裁定受理破产申请之日起二十五日内通知已知债权人，并予以公告。

通知和公告应当载明下列事项：

（一）申请人、被申请人的名称或者姓名；

（二）人民法院受理破产申请的时间；

（三）申报债权的期限、地点和注意事项；

（四）管理人的名称或者姓名及其处理事务的地址；

（五）债务人的债务人或者财产持有人应当向管理人清偿债务或者交付财产的要求；

（六）第一次债权人会议召开的时间和地点；

（七）人民法院认为应当通知和公告的其他事项。

第一百三十五条 其他法律规定企业法人以外的组织的清算，属于破产清算的，参照适用本法规定的程序。

《中华人民共和国公司法》第一百八十条 公司因下列原因解散：

（一）公司章程规定的营业期限届满或者公司章程规定的其他解散事由出现；

（二）股东会或者股东大会决议解散；

（三）因公司合并或者分立需要解散；

（四）依法被吊销营业执照、责令关闭或者被撤销；

（五）人民法院依照本法第一百八十二条的规定予以解散。

第一百八十二条　公司经营管理发生严重困难，继续存续会使股东利益受到重大损失，通过其他途径不能解决的，持有公司全部股东表决权百分之十以上的股东，可以请求人民法院解散公司。